나의 첫 번째 불교책

나의 첫 번째 불교책

1판 1쇄 인쇄 2023. 11. 28.
1판 1쇄 발행 2023. 12. 06.

지은이 곽철환

발행인 고세규
편집 정선경 디자인 조명이 마케팅 윤준원 홍보 최정은
발행처 김영사
등록 1979년 5월 17일(제406-2003-036호)
주소 경기도 파주시 문발로 197(문발동) 우편번호 10881
전화 마케팅부 031)955-3100, 편집부 031)955-3200 | 팩스 031)955-3111

값은 뒤표지에 있습니다.
ISBN 978-89-349-8100-8 03220

홈페이지 www.gimmyoung.com   블로그 blog.naver.com/gybook
인스타그램 instagram.com/gimmyoung   이메일 bestbook@gimmyoung.com

좋은 독자가 좋은 책을 만듭니다.
김영사는 독자 여러분의 의견에 항상 귀 기울이고 있습니다.

나의 첫 번째

중심을 잡아주는
불교의 기본과 핵심

불 교 책

곽철환 지음

김영사

머리글

괴로움에서 괴로움의 소멸로, 분별에서 무분별로, 곧 마음의 불안정에서 안정으로 나아가는 게 불교의 기본 골격이다.

이 책의 제1장에서 제4장까지의 전개가 전부 마음을 단속하고 정화하여 안정에 이르는 학습의 과정이다.

불안정의 근원은 '탐욕'과 '분별'이다. 탐욕이라 하면 흔히 끝없는 소유욕을 떠올리겠지만, 탐욕의 본질은 살면서 겪는 온갖 일이 자신의 마음에 들기를 바라는 황당한 욕망이다.

그러나 생로병사가 자신의 뜻대로 흐르지 않듯이, 삶은 한량없는 '관계'로 엮어진 인연 따라 흐르지 결코 자신의 욕망대로 흐르지 않는다. 그런데도 그 욕망에 사로잡히고 관계의 흐름에 저항하면 평생 불안정할 수밖에 없다.

남들이 탐욕스러울 뿐 자신은 그렇지 않다고 생각할 수도 있지만, 자신이 얼마나 탐욕이 강하고 뜻에 맞지 않는 일에 얼마나 잘 분노하는지를 절실히 자각하지 못하면 결코 그 허망한 탐욕을 다스리지 못한다.

　인간은 어떤 대상에 조금이라도 관심 가지면 즉각 자신의 선입견이나 감정으로 그 대상을 '분별'한다. 분별은 '좋다/싫다' '아름답다/추하다' '깨끗하다/더럽다'처럼 감정으로 가른 2분화이다. 이 대립하는 허구의 분별이 불안정과 갈등의 뿌리다. 왜냐하면 마음은 그 분별의 어느 한쪽에 애착(집착)하거나 혐오(분노)하기를 끝없이 반복하여 혼란스럽기 때문이다.

　그 혼란을 가라앉혀 안정에 이르는 길은 2분화의 어느 한쪽을 지나치게 좋아하지 않고 지나치게 싫어하지 않는 중도中道이다.

　몸은 '지금 여기'에 있는데 '생각'은 여기를 떠나 어디론가 가서 온갖 분별을 일으킨다. 생각이 여러 군데 가는 것 같아도 가는 데는 딱 두 곳이니, 과거와 미래이다. 과거로 가서 회한과 원망에 빠지고, 미래로 가서 불안과 걱정을 만들어낸다.

　생각이 과거와 미래로 떠돌면 곧바로 알아차리고 '지금 이것'에 전념하기를 꾸준히 반복하는 연습, 이것으로 점점 안정으로 나아간다.

　앞뒤가 끊어진 '지금 이것'에는 번뇌가 끼어들 틈이 없다.

곽철환

차례

일러두기

※ ⑤는 산스크리트sanskrit, ⑰는 팔리어pāli語를 가리킨다.

※ 음사音寫는 산스크리트와 팔리어를 한자로 옮길 때 소리 나는 대로 적은 것이고, 번역은 그것을 뜻으로 적은 것이다. (예: 수다원須陀洹은 ⑰ sota-āpanna의 음사, 예류預流라고 번역. 반야般若는 ⑤ prajñā의 음사, 지혜라고 번역. 반열반般涅槃은 ⑤ parinirvāṇa ⑰ parinibbāna의 음사, 멸도滅度라고 번역)

※ 산스크리트와 팔리어의 한글 표기는 된소리와 장음표기를 쓰지 않고, 동일 겹자음일 경우에 앞 자음은 받침으로 표기했다. (예: ⑰ vipassanā ⇒ 위팟사나)

※ 四念處를 대부분 사념처 또는 4념처로 적으나 이는 잘못이다. 왜냐하면 염처念處라는 용어가 있기 때문이다. (예: 신여성新女性 공염불空念佛 중노동重勞動) 따라서 四念處는 4염처 또는 사염처로 적어야 한다. 마찬가지로 신염처身念處 · 수염처受念處 · 심염처心念處 · 법염처法念處이고, 《대염처경大念處經》이다.

※ 전거에서, 예를 들어 《잡아함경雜阿含經》 제15권 402경의 402는 《대정신수대장경大正新脩大藏經》의 경 번호이다. 니카야nikāya의 경우, 《디가 니카야》 22 〈대염처경大念處經〉과 《맛지마 니카야》 63 〈말룽키야에 대한 작은 경〉의 22와 63은 경 번호이고, 《상윳타 니카야》 56:11 〈전법륜轉法輪〉에서 56은 분류division 번호이고, 11은 경 번호이다.

1장

초기불교

초기불교는 고타마 붓다가 살아 있을 때부터 교단에 분열이 일어나기 전까지, 곧 그가 입멸入滅(기원전 544년)한 후 100년경까지의 불교를 말한다. 초기불교의 경전은 남방 상좌부의 니카야(ⓟ nikāya)와 북방에서 한역된 아함阿含(ⓢ āgama)이다. 니카야는 '부部'·'부파部派'라는 뜻이고, 아함은 '전해온 가르침'이라는 뜻이다.

니카야에는 5부部가 있다.

① 《디가 니카야dīgha-nikāya》. 장부長部. 내용이 긴 34경을 모은 것으로, 3편으로 분류되어 있다. 붓다가 외도外道들과 대화하는 내용이 많다. 한역 《장아함경》에 해당한다.

② 《맛지마 니카야majjhima-nikāya》. 중부中部. 중간 정도 길이
의 152경을 모은 것으로, 약 50경씩 3편으로 분류되어 있
고, 다시 각 편은 5품으로, 각 품은 대개 10경 단위로 구성
되어 있다. 붓다의 가르침에 대해 토론하는 내용이 많다.
한역《중아함경》에 해당한다.

③ 《상윳타 니카야saṃyutta-nikāya》. 상응부相應部. 짧은 경전
2,875경을 주제에 따라 분류하여 배열한 것으로, 전체가 5
품으로 되어 있다. 불교의 근본 교리가 간략하게 제시되어
있다. 한역《잡아함경》에 해당한다.

④ 《앙굿타라 니카야aṅguttara-nikāya》. 증지부增支部. 2,198경
이 4제諦·6도度·8정도正道 등과 같이 법수法數에 따라 1법
에서 11법까지 순서대로 배열되어 있다. 한역《증일아함
경》에 해당한다.

⑤ 《쿳다카 니카야khuddaka-nikāya》. 소부小部.《법구경法句經》
《경집經集(숫타니파타sutta-nipāta)》《본생담本生譚》등 15경
으로 구성되어 있다.

한역 4아함의 권수와 경수는 다음과 같다.

① 《장아함경長阿含經》: 22권 30경

② 《중아함경中阿含經》: 60권 222경

③ 《잡아함경雜阿含經》: 50권 1,362경

④ 《증일아함경增一阿含經》: 51권 471경

   5부 니카야와 4아함을 초기경전이라 하는데, 이것은 부파불
교에서 편찬하여 전승한 것이다. 5부 니카야는 상좌부上座部에
서 편찬했고, 《장아함경》은 법장부法藏部에서, 《중아함경》과 《잡
아함경》은 설일체유부說一切有部에서 편찬했다. 그러니까 초기경
전이라는 게 부파불교의 경전이다.

   남방의 불교는 기원전 3세기에 아쇼카왕(재위; 기원전 268년
경-232년경)의 아들인 마힌다(ⓟ mahinda)와 그 일행이 스리랑
카에 상좌부계의 불교를 전함으로써 시작되었다. 마힌다는, 아
쇼카가 왕자였을 때 서북 인도의 웃제니에 지방관으로 부임했는
데, 그곳에서 호족의 딸 데비(ⓟ devī)와의 사이에서 낳은 아들
이다. 아쇼카가 파탈리푸타(ⓟ pātaliputta, 화씨성華氏城)로 돌아
와 즉위한 후에도 마힌다는 어머니와 함께 웃제니에서 살았다.
마힌다는 20세 되는 해에 두 살 터울인 누이동생 상가밋타(ⓟ
saṅghamittā)와 함께 출가했다.

   아쇼카왕이 수많은 사절들을 인도 전역에 파견하여 불교를
전파할 때, 마힌다는 누이동생을 비롯한 여러 비구와 함께 인도

서해안을 따라 남하하여 스리랑카에 불교를 전했고, 스리랑카의 왕은 큰 절을 지어 그 일행을 머물게 했다. 마힌다는 60세에 스리랑카에서 입적했고, 이듬해에 누이동생도 그곳에서 입적했다.

붓다가 기원전 544년에 입멸入滅한 직후, 카사파(ⓟ kassapa, 가섭迦葉)는 붓다의 가르침과 계율을 보존하기 위해 비구들에게 결집結集할 것을 제안했고, 얼마 후 5백여 명의 비구들을 라자가하(ⓟ rājagaha, 왕사성王舍城) 부근의 칠엽굴七葉窟에 모이게 했다. 카사파(가섭)가 의장으로 윗자리에 앉았고, 가르침에 대해서는 붓다를 25년 동안 시중한 아난다(ⓟ ānanda, 아난阿難)가 기억을 더듬어 가며 붓다가 설한 대로 소리 내어 외웠다. 여러 비구는 아난다의 기억이 맞는지를 확인하여 잘못이 있으면 정정한 후 그것을 모두 함께 외웠다.

그리고 계율을 가장 잘 지켰다는 우팔리(ⓟ upāli, 우파리優波離)가 소리 내어 계율을 외우면 비구들 전원이 합송合誦했다. 그래서 결집을 합송이라고도 한다. 이런 합송을 통해 붓다의 가르침은 각자의 기억 속에 일정한 형태로 간직되었다. 이것을 제1차 결집이라 한다.

그리고 나서 붓다가 입멸한 후 100년경에 계율의 문제로 제2차 결집이 행해졌고, 그 후 기원전 3세기경에는 아쇼카왕의 주선으로 파탈리푸타의 아소카라마(ⓟ asokārāma, 아육승가람阿育

僧伽藍)에 1천여 명의 비구들이 모여 결집을 했는데, 여기서는 가르침과 계율뿐 아니라, 그에 대한 주석서인 논論을 정리했다. 이것을 제3차 결집이라 한다. 그리하여 경經·율律·논論의 3장藏 (ⓢ tri-piṭaka)이 이때부터 갖추어지게 되었다.

제3차 결집 이후부터 그동안 합송으로 구전되어 오던 가르침을 문자로 기록하기 시작했다. 3장, 즉 'tri-piṭaka'에서 tri는 '3', piṭaka는 '바구니'라는 뜻이다. 불교인들은 이 3가지를 나뭇잎에 새겨 각각 바구니 속에 보관했기 때문에 3장이라 한다. 지금 전하는 초기불교의 3장은 제3차 결집 이후부터 문자로 기록되어 전승되어온 것이다.

그런데 제1차 결집 이후 300여 년 동안 붓다의 가르침은 암송으로 전승되었으므로, 그 많은 가르침이 오차 없이 완벽하게 전해지는 것은 불가능하다. 암송이 틀릴 수도 있고, 잘못 들을 수도 있고, 내용을 빠뜨리거나 첨가할 수도 있고, 가르침을 왜곡할 수도 있기 때문이다.

게다가 '부파'라는 것이 붓다의 가르침에 대한 이해와 견해와 해석이 다른 데서 비롯된 분열이므로, 각 부파가 문자로 경전을 편찬하는 과정에서 그들의 견해에 맞지 않은 부분은 내용을 고치거나 삭제할 수도 있고, 그들의 견해에 맞는 내용을 지어내어 첨가할 수도 있다. 그래서 각 부파에서 편찬한 많은 경전에 대해, 부파 간에 서로 적대시하여 비난이 끊이지 않았다.

예를 들면 "저 경은 인정할 수 없다" "저 경은 저들 나름대로 편찬한 것이다" "저 경은 저들의 견해에 맞게끔 고쳤다" "저 내용은 붓다의 거룩한 가르침에서 벗어났다" "저 경은 믿을 수 없으니 버려야 한다" "저 경은 결집할 때는 없었다" "붓다께서는 저 가르침을 설한 적이 없다" "저 경은 논사들이 지어 아함에 포함시켰다" 등의 비판이 아비달마阿毘達磨 논서論書에 빈번하게 나온다.

따라서 니카야와 아함에는 고타마 붓다가 직접 설한 가르침과 그렇지 않은 것들이 뒤섞여 있다. 이는 경전을 편찬한 부파불교의 역사에서 빚어질 수밖에 없는 귀결이다. 그러므로 초기불교를 학습할 때는 니카야와 아함에서 설하고 있는 가르침의 핵심이 무엇인지를 파악하고 접근해야 한다. 이 책 제1장 초기불교(2. 가르침과 수행)의 내용은 니카야와 아함에서 반복해서 설하고 있는 가르침의 요점을 간략하게 해설한 것이다.

고타마 붓다

1) 출가

기원전 7세기에 히말라야의 남쪽 자락, 지금의 네팔 지역에 있던 카필라성을 중심으로 사캬족이 살았다. 성주는 숫도다나suddhodana(정반왕淨飯王)이고, 부인은 사캬족과 인접해 있던 콜리야족의 마야māyā였다. 그녀는 해산할 때가 되자 아기를 낳으려고 친정으로 가는 도중에 룸비니 동산에서 아들을 낳았다. 그의 이름은 싯다르타(ⓢ siddhārtha ⓟ siddhattha)이고, 성姓은 고타마(ⓟ gotama ⓢ gautama)이다.

그러나 마야는 싯다르타를 낳은 지 7일 만에 세상을 떠나고 말았다. 그래서 그는 이모의 품에서 자랐다. 싯다르타는 궁전의 호화와 사치 속에서 성장하여 17세에 콜리야족의 야소다라 yasodharā와 결혼했고, 그녀는 아들 라훌라rāhula를 낳았다.

훗날 붓다는 궁전의 일상을 다음과 같이 회상했다.

부왕은 나를 위해 봄 궁전과 여름 궁전과 겨울 궁전을
지었으니, 나를 즐겁게 잘 놀도록 하기 위해서였다. (…)
네 사람이 나를 목욕시키고는 붉은 전단향旃檀香을 내 몸
에 바르고 새 비단옷을 입혔다. 그리고 밤낮으로 일산을
내게 씌웠으니, 태자가 밤에는 이슬에 젖지 않고, 낮에는
햇볕에 그을리지 않게 하기 위해서였다.
다른 집에서는 주로 겉보리 밥에 콩국이나 생강을 먹었
으나 내 아버지의 집에서는 가장 낮은 하인도 쌀밥과 기
름진 반찬을 주식으로 삼았다. (…)
여름 4개월 동안은 정전正殿에 올라가 있었는데, 남자는
없고 기녀妓女만 있어 내 멋대로 즐기면서 아예 내려오지
않았다.
내가 동산이나 누각으로 갈 때는 선발된 30대의 훌륭한
기병들이 행렬을 이루어 앞뒤에서 호위하고 인도했으
니, 다른 일이야 어떠했겠는가.

《중아함경》제29권 〈유연경柔軟經〉

궁전의 호사스런 생활 속에서 싯다르타는 점점 불안에 시달
리기 시작했다. 늙지 않고 병들지 않고 죽지 않으려 해도 늙고
병들고 죽어야 하니, 생존하는 그 자체가 괴로움이고 두려움이
었다.

삶이 불안의 늪이었고, 그것을 자신의 의지로 어찌할 수도 없어 답답한 나날이었다. 불안과 절망이 그를 옥죄었다. 궁전이 감옥처럼 느껴졌다.

싯다르타의 가슴에 맺힌 불안과 괴로움의 응어리가 어떠했는지는, 그가 출가해서 집도 절도 없이 숲속에서 혹독한 고행과 수행을 한 데서 짐작할 수 있을 것 같다.

어느 날, 그는 궁전을 떠나기로 결심했다. 깊은 밤중에 말을 타고 하인과 함께 몰래 성을 빠져나갔다. 그때 그의 나이 29세였다. 동틀 무렵 싯다르타는 스스로 머리카락을 자르고, 하인과 말을 카필라로 돌려보냈다. 그러고는 걷고 또 걸었다.

2) 고행과 수행 그리고 깨달음

싯다르타는 동남쪽으로 걷고 또 걸어 마가다국의 도읍지인 라자가하에 이르렀다. 그곳에는 수행자들이 많았다. 싯다르타는 그들의 가르침을 받았으나, 그 수행으로는 괴로움과 불안이 소멸될 수 없다고 생각했다. 그는 다시 서남쪽으로 걸어가 네란자라강이 흐르는 우루웰라 마을에 이르렀다. 그곳에도 많은 수행자들이 있었다.

붓다의 행선지

싯다르타는 누더기를 입고, 걸식하여 먹고, 나무 밑에 머물면서 육신을 괴롭히는 고행과 단식과 명상을 반복했다. 그러는 동안 몸은 허약해져 초라한 몰골에 안색은 죽은 자 같았고 눈은 움푹 들어갔다. 기운이 없어 대소변을 보려고 일어서려면 바로 넘어지기도 했다. 그만큼 그의 가슴에 들어앉은 괴로움과 불안은 극심하고 절실하고 무거웠다.

어느 때 붓다께서 여러 비구에게 단식할 그때의 상태를 다음과 같이 말씀하셨다.

몸은 나날이 쇠약해져 뼈만 앙상하게 남았고 정수리에
는 부스럼이 생기고 피부와 살이 저절로 떨어졌다. 내 머
리는 깨진 조롱박 같았다. 그것은 다 내가 먹지 않았기
때문이었다.

깊은 물속에 별이 나타나듯 내 눈도 그러했다. 낡은 수레
가 허물어지듯 내 몸도 그렇게 허물어져 뜻대로 되지 않
았다. 내 엉덩이는 낙타 다리 같았고, 손으로 배를 누르
면 등뼈가 닿았다. 몸이 이처럼 쇠약해진 것은 다 내가
먹지 않았기 때문이었다.

《증일아함경》제23권 〈증상품增上品〉 제8경

싯다르타가 치열하게 수행한 지 6년이 되던 어느 날, 그는 네
란자라강에 가서 몸을 씻었다. 그러고는 보리수菩提樹 아래에 가
서 풀을 깔고 편안히 앉아 깊은 명상에 잠겼다.

명상을 시작한 지 7일째 되는 날이었다. 적막한 새벽녘에 별
이 반짝였다. 명상에 잠긴 싯다르타에게 변혁이 일어났다. 번뇌
에 오염된 마음이 떨어져 나갔다. 잔잔히 사무치는 평온한 기쁨
이 일었다.

'모든 번뇌가 완전히 소멸된 지혜'를 깨달았다.

> 그때 세존께서 우루웰라 마을 네란자라 강변의 보리수
> 아래서 비로소 깨달음을 이루시고, 한번 가부좌하신 채
> 7일 동안 삼매에 잠겨 깨달음의 즐거움을 누리셨다.
>
> 《율장律藏》〈대품大品〉1 보리수 이야기

이제 싯다르타는 깨달음을 이룬 자, 즉 붓다buddha가 되었다. 35세 되던 해였다. 그 후 붓다는 여러 나무 아래로 옮겨 다니면서 몇 주 동안 깨달음의 즐거움을 누렸다.

붓다에게는 여러 호칭이 있는데, '석가족의 성자' '석가족의 침묵하는 자'라는 뜻의 석가모니釋迦牟尼(Ⓟ sakya-muni), 세상에서 가장 존귀하므로 세존世尊, 진리에서 왔으므로 여래如來, 마땅히 공양을 받아야 하므로 응공應供, 원만하고 바른 깨달음을 이루었으므로 등정각等正覺이라 한다.

나의 첫 번째 불교책

2

가르침과 수행

- 괴로움에서 열반으로 -

1) 4성제

어느 때 붓다께서 바라내국의 선인仙人이 살던 녹야원鹿
野苑에서 여러 비구에게 말씀하셨다.

"4성제를 평등하고 바르게 깨달은 분을 여래如來·응공應
供·등정각等正覺이라 한다. 어떤 것이 넷인가?

괴로움이라는 성스러운 진리, 괴로움의 발생이라는 성
스러운 진리, 괴로움의 소멸이라는 성스러운 진리, 괴로
움의 소멸에 이르는 길이라는 성스러운 진리이다."

《잡아함경》제15권 402경

    4성제聖諦를 4제諦라고도 하는데, 제諦는 ⓢ satya ⓟ sacca의
번역으로 '진리'라는 뜻이다. 성제聖諦는 '성스러운 진리'·'성자
의 진리'이다. 4성제는 괴로움을 소멸시켜 열반에 이르게 하는
4가지 성스러운 진리로, 고성제苦聖諦·집성제集聖諦·멸성제滅聖

諦·도성제道聖諦이다. 정확히는 고성제苦聖諦·고집성제苦集聖諦·
고멸성제苦滅聖諦·고멸도성제苦滅道聖諦이다. 4제諦라고 할 때는
고제苦諦·집제集諦·멸제滅諦·도제道諦이다.

싯다르타는 고성제와 집성제와 멸성제를 명료하게 통찰하고,
도성제를 거듭 수행하고 체득하여 '모든 번뇌가 완전히 소멸된 지
혜'를 깨달아 붓다가 되었다. 이 지혜를 '누진명漏盡明'이라 한다.

붓다가 "비구들아, 예나 지금이나 나는 단지 괴로움과 그 괴
로움의 소멸을 가르칠 뿐이다"《상윳타 니카야》22:86 〈아누라다〉)
라고 했듯이, 불교는 괴로움에서 시작해서 그 괴로움의 소멸, 즉
열반으로 마친다.

괴로움에서 열반으로 나아가는 단 하나의 길이 바로 4성제이
므로, 이 4성제야말로 초기불교의 처음이자 끝이다. 그래서 "모
든 동물의 발자국이 다 코끼리 발자국 안에 들어오듯이, 모든 가
르침은 다 4성제에 포함된다"《중아함경》제7권 〈상적유경象跡喩經〉)
고 했다.

어느 때 세존께서 비구들에게 말씀하셨다.
"나와 너희들이 4성제를 알지 못하고 보지 못하고 깨닫
지 못하고 받아 지니지 못했다면, 우리는 오랜 세월 동안
생사에서 헤매었을 것이다."
《잡아함경》제15권 403경

만약 비구가 고성제苦聖諦를 이미 알고 이미 이해했으며, 집성제集聖諦를 이미 알고 이미 끊었으며, 멸성제滅聖諦를 이미 알고 이미 증득했으며, 도성제道聖諦를 이미 알고 이미 닦았다면, 그런 비구는 문빗장이 없고 참호를 매웠으며(구속이나 속박에서 벗어났으며), 험난한 곳을 건넜고 결박에서 벗어났으니, 그를 현성賢聖이라 하고 성스러운 깃발을 세웠다고 한다.

《잡아함경》제15권 386경

4성제는 번뇌를 소멸시켜 열반에 이르게 하는 길이기 때문에 불교의 핵심이고 바탕이다. 4성제는 괴로움에서 열반으로 안내하는 표지판이고 범부에서 성자에 이르는 유일한 수행이므로, 초기불교는 4성제를 중심축으로 삼아 전개된다. 예컨대, 괴로움의 소멸에 이르는 8정도正道의 첫 번째 항목인 '정견正見'은 4성제를 바르게 아는 것이고, 괴로움이 일어나고 소멸하는 과정을 밝힌 12연기의 첫 번째 항목인 '무명無明'은 4성제를 알지 못하는 것이다.

붓다께서 말씀하셨다.

"말룽키야야, '세계는 유한한가, 무한한가? 영혼과 육체는 같은가, 다른가? 인간은 죽은 다음에도 존재하는가, 존재하지 않는가?' 이런 문제들이 해결된다고 하더라도 인생의 괴로움은 해결되지 않는다. 우리는 현재의 삶 속에서 괴로움을 소멸시켜야 한다.

말룽키야야, 내가 설하지 않은 것은 설하지 않은 대로, 설한 것은 설한 대로 받아들여라. 그러면 내가 설한 것은 무엇인가?

'이것은 괴로움이다'라고 나는 설했다. '이것은 괴로움의 발생이다'라고 나는 설했다. '이것은 괴로움의 소멸이다'라고 나는 설했다. '이것은 괴로움의 소멸에 이르는 길이다'라고 나는 설했다.

나는 왜 그것을 설했는가? 그것은 열반에 이르게 하기 때문이다."

《맛지마 니카야》63 〈말룽키야에 대한 작은 경〉

그때 세존께서 여러 비구에게 말씀하셨다.

"선남자가 바른 믿음으로 출가하여 도를 배우려면 반드시 4성제를 알아야 한다. (…)

——————— 나의 첫 번째 불교책

3결結이 끊어져 수다원須陀洹의 경지에 이르렀다면, 그들이 다 4성제를 알았기 때문이다. (…)

3결이 끊어지고, 탐욕과 분노와 어리석음이 엷어져 사다함斯陀舍의 경지에 이르렀다면, 그들이 다 4성제를 사실 그대로 알았기 때문이다. (…)

5하분결五下分結이 소멸되어 다시 이 세간에 돌아오지 않는 아나함阿那舍의 경지에 이르렀다면, 그들이 다 4성제를 알았기 때문이다. (…)

모든 번뇌가 다 소멸되어 심해탈心解脫과 혜해탈慧解脫을 이루어 '나는 이미 생이 다했고, 청정한 수행이 확립되었고, 해야 할 일을 이미 다 해서, 다시는 미혹한 생존을 되풀이하지 않는다'는 것을 스스로 아는 아라한阿羅漢의 경지에 이르렀다면, 그들이 다 4성제를 알았기 때문이다. (…)

만약 벽지불辟支佛의 도를 증득했다면, 그들이 다 4성제를 알았기 때문이다. (…)

만약 최상의 바른 깨달음을 이루었다면, 그들이 다 4성제를 알았기 때문이다."

《잡아함경》 제15권 393경

수다원·사다함·아나함·아라한은 성자들의 네 경지이다.
수다원須陀洹은 ⓟ sota-āpanna의 음사이고, 처음으로 성자의 계열에 들었으므로 예류預流·입류入流라고 번역한다.

사다함斯陀含은 ⓟ sakad-āgāmin의 음사이고, 일래一來·일왕래一往來라고 번역한다. 이 성자는 욕계欲界의 번뇌를 완전히 끊지 못했기 때문에 천상의 경지에 이르렀다가 다시 한 번 인간계에 돌아와 완전한 열반을 성취한다는 뜻이다.

아나함阿那含은 ⓟ anāgāmin의 음사이고, 불환不還·불래不來라고 번역한다. 이 성자는 욕계의 번뇌를 완전히 끊어 색계色界와 무색계無色界로 나아가고, 다시 욕계로 되돌아오지 않는다는 뜻이다. 욕계는 탐욕이 들끓는 세계이고, 색계는 형상에 얽매이는 세계이고, 무색계는 형상의 속박에서 벗어난 세계이다. 이를 3계界라고 한다.

아라한阿羅漢은 ⓟ arahant의 음사이고, 모든 번뇌를 완전히 끊어 열반을 성취한 성자이다. 공양받을 만하므로 응공應供, 진리에 따르므로 응진應眞, 더 닦을 것이 없으므로 무학無學이라 번역한다.

수다원·사다함·아나함·아라한의 성자가 되기 위해 수행하는 단계인 수다원향·사다함향·아나함향·아라한향의 4향向과, 거기에 도달한 경지인 수다원과·사다함과·아나함과·아라한과의 4과果를 4쌍8배四雙八輩라고 한다. 향과 과를 한 쌍으로 하여 4쌍, 곧 8배이다.

3결結에서 결結은 '번뇌'를 뜻한다. 탐욕과 분별의 무더기인 5온蘊을 실재하는 '자아'라고 집착하는 유신견有身見, 그릇된 계율이나 금지 조항을 바른 것으로 간주하여 집착하는 계금취견戒禁取見, 붓다의 가르침을 의심하는 의疑이다. 유신견有身見에서 신身은 ⑤ⓟ kāya의 번역으로, '무더기' '더미' '무리'라는 뜻이다. 곧 5온蘊을 말한다.

3결이 끊어져야 처음으로 성자의 계열에 드는데(수다원의 경지), 3결을 끊는 길이 바로 4성제이므로 이 4성제야말로 성자에 이르고 열반에 이르는 수행의 핵심이다.

5하분결五下分結에서 하분下分은 '욕계'를 뜻한다. 중생을 욕계에 결박시켜 해탈하지 못하게 하는 5가지 족쇄로, 3결에 욕계의 탐욕과 분노가 추가된 것이다. 반면, 5상분결五上分結은 중생을 색계·무색계에 결박시켜 해탈하지 못하게 하는 5가지 족쇄로, 색탐色貪(색계의 탐욕)·무색탐無色貪(무색계의 탐욕)·도거掉擧(들뜨고 혼란스러운 마음 상태)·만慢(자신을 높이고 남을 업신여김)·무명無明이다.

벽지불辟支佛은 ⓟ pacceka-buddha의 음사이고, '홀로 깨달은 자'라는 뜻이다. 스승 없이 홀로 12연기를 관조해서 깨달은 성자이므로 독각獨覺·연각緣覺이라 한다.

비구들아, 내가 4성제의 3전12행三轉十二行으로 눈[眼]과 지혜[智]와 명료함[明]과 깨달음[覺]이 생기지 않았다면, 나는 여러 신·악마·범천·사문·바라문 가운데서 끝내 해탈하지 못했을 것이고, 또 스스로 아누다라삼막삼보리阿耨多羅三藐三菩提도 증득하지 못했을 것이다.

나는 이미 4성제의 3전12행으로 눈과 지혜와 명료함과 깨달음이 생겼기 때문에 여러 신·악마·범천·사문·바라문 가운데서 해탈했고, 스스로 아누다라삼막삼보리를 증득했다.

《잡아함경》 제15권 379경

3전12행三轉十二行은 괴로움을 소멸시켜 열반에 이르게 하는 4성제를 3단계로 통찰한 것이다.

1단계	2단계	3단계
이것은 고苦이다. [苦]	고苦를 알아야 한다.	나는 이미 고苦를 알았다.
이것은 고苦의 발생이다. [集]	집集을 끊어야 한다.	나는 이미 집集을 끊었다.
이것은 고苦의 소멸이다. [滅]	멸滅을 증득해야 한다.	나는 이미 멸滅을 증득했다.
이것은 고苦의 소멸에 이르는 길이다. [道]	도道를 닦아야 한다.	나는 이미 도道를 닦았다.

나의 첫 번째 불교책

따라서 이렇게 모두 12가지이다.

아누다라삼막삼보리는 ⓢ anuttarā-samyak-saṃbodhi
의 음사이다. anuttarā는 '가장 뛰어난', samyak은 '바른',
saṃbodhi는 '원만한 깨달음'을 뜻한다. 따라서 무상정등각無上
正等覺이라 번역한다.

아래의 인용문에서 보는 바와 같이 5온蘊 각각에 4성제를 적
용시켜 색色·수受·상想·행行·식識의 모임과 소멸과 소멸에 이
르는 길을 통찰했고, 12연기緣起의 각 지분支分에 4성제를 적용
시켜 각 지분의 모임과 소멸과 소멸에 이르는 길을 통찰했다.

> 어느 때 붓다께서 사위국 기수급고독원에서 여러 비구
> 에게 말씀하셨다.
> "여래는 10력力을 성취하고 집착이 없음을 스스로 알아,
> 대중에게 사자후師子吼하고 최상의 법을 설하여 중생을
> 제도한다. 이것은 '색色'이고, 이것은 '색의 일어남'이며,
> 이것은 '색의 소멸'이고, 이것은 '색에서 벗어남'이다. 수
> 受·상想·행行도 이렇게 통찰한다. 이것은 '식識'이고, 이
> 것은 '식의 일어남'이며, 이것은 '식의 소멸'이고, 이것은
> '식에서 벗어남'이라 통찰한다."
>
> 《증일아함경》 제42권 3경

그때 세존께서 여러 비구에게 말씀하셨다.

"(…) 나는 선인仙人의 길을 따라 '노병사老病死'와 '노병사의 일어남'과 '노병사의 소멸'과 '노병사의 소멸에 이르는 길'을 보았다. 또 생生·유有·취取·애愛·수受·촉觸·6입처入處·명색名色·식識도 마찬가지로 보았고, '행行'과 '행의 일어남'과 '행의 소멸'과 '행의 소멸에 이르는 길'을 보았다.

나는 이 법을 스스로 알고 깨달아 등정각等正覺을 이루었다."

《잡아함경》제12권 287경

4성제는 의사가 환자를 치료하는 방법에 비유할 수 있다.

◆ 고성제 – 괴로움 – 병
◆ 집성제 – 괴로움의 발생 – 병의 원인
◆ 멸성제 – 괴로움의 소멸 – 병의 완치
◆ 도성제 – 괴로움을 소멸시키는 방법 – 병의 치료법

어느 때 붓다께서 바라내국의 선인仙人이 살던 녹야원에서 여러 비구에게 말씀하셨다.

"4가지 법을 성취하면 큰 의왕醫王이라 하나니, 의왕은 반드시 이 4가지를 갖추어야 한다. 어떤 것이 4가지인가?

하나는 병을 잘 아는 것이요, 둘은 병의 원인을 잘 아는 것이요, 셋은 병의 치료법을 잘 아는 것이요, 넷은 병을 치료하고 나서 재발하지 않게 하는 법을 잘 아는 것이다. (…)

여래如來·응공應供·등정각等正覺은 큰 의왕으로서 4가지 덕을 성취하여 중생들의 병을 치료한다. 어떤 것이 4가지 덕인가?

여래는 고성제를 진실 그대로 알고, 집성제를 진실 그대로 알며, 멸성제를 진실 그대로 알고, 도성제를 진실 그대로 안다.

비구들아, 저 세간의 훌륭한 의사는 태어남에 대한 근본 치료법을 진실 그대로 알지 못하고, 늙음·병듦·죽음·근심·슬픔·고뇌에 대한 근본 치료법을 진실 그대로 알지 못한다.

그러나 여래·응공·등정각은 큰 의왕으로서 태어남의 근본을 진실 그대로 알아 치료할 줄 알고, 늙음·병듦·죽음·근심·슬픔·고뇌에 대한 근본 치료법을 진실 그대로 안다. 그래서 여래·응공·등정각을 큰 의왕이라 한다."

《잡아함경》제15권 389경

(1) 고성제苦聖諦

괴로움이라는 성스러운 진리

> 비구들아, 이것이 괴로움이라는 성스러운 진리이다.
> 태어남은 괴로움이고, 늙음은 괴로움이고, 병듦은 괴로
> 움이고, 죽음은 괴로움이다. 싫어하는 대상을 만나야 하
> 니 괴로움이고, 좋아하는 대상과 헤어져야 하니 괴로움
> 이고, 원해도 원하는 대로 되지 않으니 괴로움이다.
> 요점을 말하면, 5온蘊은 탐욕과 집착과 분별의 무더기이
> 므로 괴로움이다.
>
> 《상윳타 니카야》56:11 〈전법륜轉法輪〉

괴로움이란 안정되지 않은 마음 상태이다. 이것은 삶의 진행
이 자신의 뜻대로 되지 않아서 일어난다. 늙지 않고 병들지 않고
죽지 않으려 해도 늙고 병들고 죽으니 괴로움이고, 늙고 병들고
죽는 원인이 태어남이니 생로병사가 괴로움이다. 그러니 삶과
죽음의 진행이 괴로움이다.

인간은 어떤 대상에 조금이라도 관심 가지면 느낌이 일어나는
데, 느낌이 좋으면 그것에 집착하고, 느낌이 싫으면 그것을 회피
한다. 그런데 싫어하는 대상을 회피하려 해도 계속 마주치고, 좋

아하는 대상을 소유하려 해도 그렇게 되지 않는다. 생존하는 한 추구와 회피를 계속 반복하여 불안정하다. 그래서 괴로움이다.

삶은 결코 자신이 원하는 대로 흘러가지 않는다. 그래서 원하는 것보다 원하지 않는 것이 더 많이 찾아오니 괴로움이다.

5온은 색·수·상·행·식을 말한다. 이 5온은 탐욕과 집착과 분별의 무더기이므로 괴로움이다.

'몸-마음'에 대한 집착이 '나'에 대한 집착이고, 인간의 첫 번째 집착이고, 생존의 밑바닥에 있는 가장 끈질기고 견고한 집착이다. 이 집착 때문에 온갖 괴로움이 일어나는데도 그 집착에서 벗어나지 못하니 괴로움이다.

'몸-마음'은 자신의 의지대로 되지 않는다. 만약 의지대로 된다면 병들지 않아야 하고, 불안이나 걱정이 일어나지 않아야겠지만, 몸-마음은 결코 자신의 뜻대로 되지 않는다. 그래서 괴로움이다.

인간은 생존의 불안감을 없애려고 부단히 애쓰지만, 아무리 애써도 그 불안감이 해소되지 않는다. 그래서 괴로움이다.

괴로움은 끝없는 소유욕뿐 아니라 매사가 자신의 마음에 들기를 바라는 탐욕에서 일어나고, 탐욕대로 되지 않으니까 분노하고, 탐욕이 강하면 미래에 대한 두려움도 많다. 그래서 괴로움이다.

인간은 아무리 많이 가져도 부족감에 얽매인다. 가지고 가지는데도 부족하고 채우는 순간 또 다른 결핍이 나타나 부족감이 끝없으니 괴로움이다.

중생의 마음은 한결같지 않아 그토록 좋아하던 것도 얼마 안 가 시시해지고, 그렇게 소중히 여기던 것도 나중엔 귀찮아지고, 누구에게 고마워하다가도 형편이 달라지면 미워하고, 그토록 애착하던 것도 시간이 지나면 혐오하고, 그토록 애지중지하던 것도 세월이 흐르면 별 볼 일 없어진다. 이것과 저것, 또 다른 것으로 애착과 싫증이 오락가락하여 불안정하다. 그래서 괴로움이다.

인간의 삶은 생존에 유리한 것을 추구하고, 불리한 것을 회피하기 위해 움직이는 데 지나지 않는다. 그러나 유리한 것을 추구해도 뜻대로 되지 않고, 불리한 것을 회피해도 그것과 계속 부닥친다. 그래서 긴장과 갈등과 불만을 안고 움직이고 또 움직이고 움직인다. 너무 지나치게 움직이면 괴로워서 쉰다. 너무 쉬면 이젠 그것도 괴로워서 또 움직인다. 살아 있는 한 움직이고, 움직이는 한 그 근원에 괴로움이 있다.

이게 바로 고타마 붓다가 통찰한 고성제이고, 불교의 시작이다.

　　　　　　　　　　　나의 첫 번째 불교책

현자들아, 과거에도 고성제였고, 현재와 미래에도 고성제이다. 참된 진리로서 헛되지 않고, 있는 그대로를 떠나지 않고, 그릇되지 않고, 참되고 분명한 사실이어서 있는 그대로의 진리와 일치한다. 이는 성자가 지니고, 성자가 알고, 성자가 보고, 성자가 이해하고, 성자가 인식하고, 성자가 바르게 깨달은 것이다. 그래서 고성제라고 한다.

《중아함경》 제7권 〈분별성제경分別聖諦經〉

그 옛날 싯다르타가 얼마나 무거운 괴로움과 불안에 시달렸으면, 그는 집도 절도 없이 노지에서 그토록 가혹한 수행을 6년 동안이나 했겠는가. 그러니 고성제에 사무치지 않으면, 집성제·멸성제·도성제도 절실하지 않다.

그때 어떤 비구가 붓다에게 나아가 그의 발에 머리를 대는 예를 표한 뒤 한쪽에 앉아 여쭈었다.

"세존이시여, 이 4성제를 점차로 통달하게 됩니까, 아니면 한꺼번에 통달하게 됩니까?"

"이 4성제를 점차로 통달하는 것이지 한꺼번에 통달하는 것이 아니다. 예를 들면, 그것은 마치 네 계단을 거쳐 전당殿堂에 오르는 것과 같다. 만약 어떤 사람이 '첫 계단에 오르지 않고 둘째·셋째·넷째 계단을 거쳐 전당에 올랐다'고 한다면, 그것은 있을 수 없는 일이다. 왜냐하면 첫 계단에 오른 뒤에 둘째·셋째·넷째 계단을 차례로 거쳐야 전당에 오를 수 있기 때문이다.

이와 같이 비구야, 고성제를 통달하지 못한 상태에서 집성제, 멸성제, 도성제를 통달하려고 한다면 그것은 있을 수 없는 일이다."

《잡아함경》제16권 436경

(2) 집성제集聖諦

괴로움의 발생이라는 성스러운 진리

'집集'은 ⑤Ⓟ samudaya의 번역으로 '모여서 일어난다'는 뜻이다. 그래서 집기集起라고도 한다.

비구들아, 이것이 괴로움의 발생이라는 성스러운 진리이다. 재생再生을 초래하고, 쾌락과 탐욕을 동반하여 여기저기에 집착하는 갈애渴愛이다.

《상윳타 니카야》56:11 〈전법륜〉

나의 첫 번째 불교책

갈애가 세상을 이끌고,
갈애에 의해 끌려다니며,
갈애라는 하나의 법이
모든 것을 지배한다.

《상윳타 니카야》1:63 〈갈애〉

어떤 것이 괴로움의 발생이라는 진리인가?
느낌과 애욕을 끊임없이 일으켜 항상 탐내어 집착하는
것이다. 이것이 괴로움의 발생이라는 진리이다.

《증일아함경》제14권 〈고당품高幢品〉 제5경

괴로움이 일어나는 원인은, 목이 말라 애타게 물을 찾듯이 몹시 탐내어 집착하는 '갈애渴愛'이다. 즉 탐내기를 그칠 줄 모르는 '애욕愛欲'이다.

애욕은 인간의 자연스런 감정이긴 하지만, 문제는 자신을 괴롭히는 애욕이다. 그것은 삶의 흐름이 자신의 뜻대로 되기를 바라는 애욕이고, 가지는 쾌감에 중독되어 있는 애욕이고, 맹목적으로 '기분 좋다'를 추구하는 애욕이고, 남이 자신에게 관심 가져주거나 어떻게 해주기를 바라는 애욕이다.

그러나 아무리 애욕의 불길이 강해도, 건강과 재물과 수명과 인간관계는 자신의 애욕과 관계없이 인연 따라 오고 인연 따라 간다. 바라지 않았는데도 태어났고, 바라지 않는데도 늙고 병들고 죽듯이, 자신에게 일어났거나 일어나거나 일어날 일은 모두 인연 따라 일어나는 것이지, 자신의 애욕으로 일어나는 게 아니다.

　그래서 애욕에 매달리는 한 자신의 바람대로 되지 않은 게 많아 삶이 불안하고 혼란스러울 수밖에 없고, 애욕으로 생존의 불안감을 해소하려 하지만 그렇게 되지 않으니까 애욕도 끝이 없고 괴로움도 끝이 없다.

　애욕은 마음의 심층에 잠재해 있는 견고한 습성이어서 통제하기가 어렵다. 그래서 예로부터 애욕을 약화시켜 단순하고 편하게 산 사람은 드물었고, 애욕에 사로잡혀 괴로움의 늪에서 헤매다가 죽은 사람은 부지기수이다.

　갈애와 애욕은 괴로움의 무더기만 안겨줄 뿐 삶에 아무런 도움이 되지 않는 헛된 탐욕이고, 자신이 자신을 괴롭히는 번뇌이다.

　불교의 수행은 '알아차리기'(Ⓟ sati)에서 시작된다. 그래서 갈애가 일어날 때마다 즉각 알아차리고 '잠깐 틈'을 가져서 내려놓기를 꾸준히 반복하는 연습, 이게 집성제에서 학습해야 할 요점이다. '알아차리기'가 없으면 갈애를 자각할 수도 없고 '잠깐 멈춤'도 없어, 그것을 다스릴 날은 끝내 오지 않는다.

괴로움이 일어나고 소멸하는 과정을 밝힌 게 12연기緣起인데, 그 일어나는 과정이 집성제에 해당하고, 소멸하는 과정이 멸성제에 해당한다.

비구들아, 무엇이 집성제인가?
무명無明에 의지하여 행行이 일어나고, 행에 의지하여 식識이 일어나고, 식에 의지하여 명색名色이 일어나고, 명색에 의지하여 6처處가 일어나고, 6처에 의지하여 촉觸이 일어나고, 촉에 의지하여 수受가 일어나고, 수에 의지하여 애愛가 일어나고, 애에 의지하여 취取가 일어나고, 취에 의지하여 유有가 일어나고, 유에 의지하여 생生이 일어나고, 생에 의지하여 늙음·죽음·근심·슬픔·고뇌가 일어난다.
이리하여 온갖 괴로움의 무더기가 일어난다.
비구들아, 이것을 집성제라고 한다.
《앙굿타라 니카야》3 〈대품大品〉61 외도外道

그때 세존께서 여러 비구에게 말씀하셨다.
"이제 너희들에게 괴로움이 일어나는 길[고집도적苦集道跡]과 괴로움이 소멸하는 길[고멸도적苦滅道跡]을 말하리

니, 새겨듣고 잘 생각하여라. 어떤 것이 괴로움이 일어나
는 길인가?

안眼과 색色으로 말미암아 안식眼識이 생기고, 이 3가지의
화합이 촉觸이다. 촉으로 말미암아 수受가 있고, 수로 말
미암아 애愛가 있고, 애로 말미암아 취取가 있고, 취로 말
미암아 유有가 있고, 유로 말미암아 생生이 있고, 생으로
말미암아 노병사老病死와 우비고뇌憂悲苦惱가 일어난다.

이耳·비鼻·설舌·신身·의意도 마찬가지이다. 이것을 괴로
움이 일어나는 길이라 한다. 어떤 것이 괴로움이 소멸하
는 길인가?

안과 색으로 말미암아 안식이 생기고, 이 3가지의 화합
이 촉이다. 촉이 소멸하면 수가 소멸하고, 수가 소멸하면
애가 소멸하고, 애가 소멸하면 취가 소멸하고, 취가 소멸
하면 유가 소멸하고, 유가 소멸하면 생이 소멸하고, 생이
소멸하면 노병사와 우비고뇌가 소멸한다. 이리하여 큰
괴로움의 덩어리가 완전히 소멸한다.

이·비·설·신·의도 마찬가지이다. 이것을 괴로움이 소멸
하는 길이라 한다."

《잡아함경》제8권 218경

(3) 멸성제滅聖諦

괴로움의 소멸이라는 성스러운 진리

삶이 자신의 뜻대로 되기를 바라는 갈애의 불길이 남김없이 꺼진 상태이다. 탐욕과 분노와 어리석음이 소멸된 열반의 경지이다. 자아라는 생각이 해체되어 온갖 속박과 집착에서 벗어나고, 번뇌가 완전히 소멸된 해탈이다.

> 비구들아, 이것이 괴로움의 소멸이라는 성스러운 진리이다.
> 갈애를 남김없이 소멸시켜 집착에서 벗어나 해탈하는 것이다.
>
> 《상윳타 니카야》 56:11 〈전법륜〉

> 어떤 것이 괴로움의 소멸이라는 진리인가?
> 저 애욕을 남김없이 없애버려 다시 생기지 않게 하는 것이다. 이것이 괴로움의 소멸이라는 진리이다.
>
> 《증일아함경》제14권 〈고당품高幢品〉제5경

비구들아, 무엇이 멸성제인가?

무명이 소멸하므로 행이 소멸하고, 행이 소멸하므로 식이 소멸하고, 식이 소멸하므로 명색이 소멸하고, 명색이 소멸하므로 6처가 소멸하고, 6처가 소멸하므로 촉이 소멸하고, 촉이 소멸하므로 수가 소멸하고, 수가 소멸하므로 애가 소멸하고, 애가 소멸하므로 취가 소멸하고, 취가 소멸하므로 유가 소멸하고, 유가 소멸하므로 생이 소멸하고, 생이 소멸하므로 늙음·죽음·근심·슬픔·고뇌가 소멸한다.

이리하여 온갖 괴로움의 무더기가 소멸한다.

비구들아, 이것을 멸성제라고 한다.

《앙굿타라 니카야》3 〈대품〉 61 외도

(4) 도성제道聖諦

괴로움의 소멸에 이르는 길이라는 성스러운 진리

괴로움의 소멸에 이르는 길은 곧 8정도正道이다.

비구들아, 그러면 무엇이 괴로움의 소멸에 이르는 길이

라는 성스러운 진리인가? 그것은 바로 8정도正道이니,
즉 정견正見·정사유正思惟·정어正語·정업正業·정명正命·정
정진正精進·정념正念·정정正定이다.

《디가 니카야》22 〈대염처경〉

사리풋타(ⓟ sāriputta, 사리불舍利弗)의 옛 친구가 물었다.
"사리풋타여, 왜 세존과 함께 청정한 수행을 하는가?"
"벗이여, 괴로움에서 벗어나기 위해서이다."
"괴로움에서 벗어나는 길이 있는가?"
"길이 있다. 그것은 8정도이니, 정견·정사유·정어·정업·
정명·정정진·정념·정정이다."

《상윳타 니카야》38:4 〈무엇을 위하여〉

삶과 죽음은 몹시 괴롭지만
진리를 따르면 피안에 이른다.
세상 사람 건지는 8정도는
온갖 괴로움을 없애준다.

《법구경》〈술불품述佛品〉

① 정견正見(바르게 알기)

> 비구들아, 그러면 무엇이 정견인가?
> 고·집·멸·도에 대해 아는 것, 이것이 정견이다.
>
> 《디가 니카야》 22 〈대염처경〉

② 정사유正思惟(바르게 사유하기)

> 그러면 비구들아, 무엇이 정사유인가?
> 그것은 번뇌에서 벗어난 사유, 분노가 없는 사유, 남에게
> 해를 끼치지 않으려는 사유이다.
>
> 《맛지마 니카야》 141 〈진리의 분석경〉

③ 정어正語(바르게 말하기)

> 비구들아, 그러면 무엇이 정어인가?
> 거짓말하지 않고, 이간질하지 않고, 거친 말을 하지 않
> 고, 쓸데없는 말을 하지 않는 것, 이것이 정어이다.
>
> 《디가 니카야》 22 〈대염처경〉

나의 첫 번째 불교책

사람이 태어날 때 입에 도끼가 생겨나
어리석은 이는
나쁜 말을 내뱉어
그것으로 자신을 찍는다.

《상윳타 니카야》6:9 〈투두 범천〉

④ 정업正業(바르게 행하기)

비구들아, 그러면 무엇이 정업인가?
살생하지 않고, 도둑질하지 않고, 음란한 짓을 하지 않는
것, 이것이 정업이다.

《디가 니카야》22 〈대염처경〉

⑤ 정명正命(바르게 생활하기)

정당한 방법으로 생계를 꾸려나가는 생활을 말한다.

비구들아, 그러면 무엇이 정명인가?
성자의 제자는 그릇된 생계를 버리고 바른 생계로 생활
한다. 이것이 정명이다.

《디가 니카야》22 〈대염처경〉

⑥ 정정진正精進(바르게 노력하기)

4정근正勤을 닦는 것으로, 이미 생긴 악은 없애려고 노력하고, 아직 생기지 않은 악은 미리 방지하고, 아직 생기지 않은 선은 생기도록 노력하고, 이미 생긴 선은 더욱 커지도록 노력하는 수행이다.

⑦ 정념正念(바르게 알아차리기)

4염처念處를 닦는 것으로, 매 순간 움직이거나 일어났다 사라지는 신身·수受·심心·법法의 변화와 작용을 지속적으로 알아차려서 그것의 무상無常·고苦·무아無我를 거듭 통찰하고 체득하여, 그 4가지의 속박에서 벗어나는 수행이다. 여기서 법法은 수행 중에 일어나 마음을 산란하게 하는 5개蓋·5온蘊·12처處 등이다.

'알아차리기'는 '사티'(Ⓟ sati)의 번역이다. 사티는 지금 몸-마음에서 매 순간 움직이거나 일어났다 사라지는 변화와 작용을 분별하지 않고 있는 그대로 지속적으로 알아차리는 수행이다. '좋다/싫다' 등으로 분별하면 좋은 것은 애착하고 싫은 것은 혐오하여 있는 그대로 알아차릴 수 없게 된다. 알아차리는 동안은 '지금 여기'에서 몸-마음의 무상·고·무아를 통찰하게 된다. 이 알아차리기는 초기불교 수행의 근원이고 시작이다.

⑧ 정정正定(바르게 집중하기)

4선禪을 닦는 것으로, 수행자가 이르게 되는 4단계의 선정이다. 정定은 ⓈⓅ samādhi의 번역이고, 이것을 삼매三昧라고 음사한다.

> 비구들아, 그러면 무엇이 정정인가? 비구가 탐욕과 불선법不善法들을 떨쳐버리고, (집중하는 대상에 대해) 일으킨 생각과 지속적인 고찰이 있고, (탐욕 등을) 떨쳐버림으로써 생기는 희열과 행복이 있는 초선初禪에 들어 머문다.
>
> 일으킨 생각과 지속적인 고찰이 가라앉고, 마음이 깨끗하고 집중된 삼매에서 생기는 희열과 행복이 있는 제2선에 들어 머문다.
>
> 희열을 버리고 평온에 머물며, 알아차리기와 분명한 앎을 지니고 몸으로 행복을 느끼는 제3선에 들어 머문다.
>
> 행복도 버리고 괴로움도 버리며, 이전에 기쁨과 슬픔을 없애버렸으므로 괴롭지도 즐겁지도 않은 평온으로 알아차리기가 청정해진 제4선에 들어 머문다.
>
> 비구들아, 이것이 정정이다.
>
> 《디가 니카야》22 〈대염처경〉

인용문에서 '불선법'은 열반에 이르는 데 장애가 되는 탐욕과 분노와 어리석음의 3독毒을 말한다. '일으킨 생각'(ⓟ vitakka)은 하나의 대상에 처음으로 마음을 일으키는 것이고, '지속적인 고찰'(ⓟ vicāra)은 그 대상을 계속 세밀하게 관찰하는 것이다. 예를 들면 전자는 벌(마음)이 꽃(대상)을 향하여 거칠게 날갯짓을 하는 것과 같고, 후자는 벌이 꽃에 이르러 윙윙거리며 세밀하게 살피는 것과 같다.

4선禪은 정정正定의 내용이면서 5근根에서 정근定根의 내용이고, 3학學에서 정학定學의 내용이다.

《잡아함경》제18권 1경에 염부차閻浮車가 사리불舍利弗에게 여러 가지 질문을 한다. 어떻게 하면 번뇌가 소멸하고, 열반에 이르고, 아라한이 되고, 무명無明이 소멸하고, 괴로운 생존이 끝나고, 5온蘊에 집착하지 않게 되고, 결박에서 벗어나고, 애욕이 소멸하는지 등이다.

각각의 질문에 사리불은 모두 8정도를 닦으라고 대답한다. 이 8정도가 곧 중도中道이다.

> 비구들아, 그러면 무엇이 중도인가? 바로 8정도이니, 정견·정사유·정어·정업·정명·정정진·정념·정정이다.
>
> 《상윳타 니카야》56:11 〈전법륜轉法輪〉

2) 12처

12처處는 안처眼處(눈) · 이처耳處(귀) · 비처鼻處(코) · 설처舌處(혀) · 신처身處(몸) · 의처意處(의식 기능)의 6가지 분별하는 작용과, 그 작용으로 분별한 6가지 대상, 곧 색처色處(형상 · 빛깔) · 성처聲處(소리) · 향처香處(냄새) · 미처味處(맛) · 촉처觸處(감촉) · 법처法處(의식 내용)를 말한다. 12입入 · 12입처入處라고도 한다.

> 그때 세존께서 여러 비구에게 말씀하셨다.
> "이제 결박되는 것과 결박하는 것에 대해 말하겠다.
> 어떤 것이 결박되는 것인가?
> 안眼과 색色, 이耳와 성聲, 비鼻와 향香, 설舌과 미味, 신身과
> 촉觸, 의意와 법法이니, 이것을 결박되는 것이라 한다.
> 어떤 것이 결박하는 것인가?
> 탐욕이니, 이것을 결박하는 것이라 한다."
>
> 《잡아함경》 제9권 239경

12처는 대상을 보고, 듣고, 맡고, 맛보고, 감촉하고, 의식하면서 '분별'하여 번뇌에 물든 의식 작용이다. 12처에서 안 · 이 · 비 · 설 · 신 · 의를 6처處 또는 6입入이라 하고, 색 · 성 · 향 · 미 ·

촉·법을 6외처外處 또는 6외입처外入處라고 한다.

그런데 6처處와 6근根은 다르다. 안·이·비·설·신·의의 6근은 6가지 지각 작용이고, 6처는 지각하면서 '분별'하는 6가지 작용이다. '저것은 쓰레기다'라고 하면 지각이고, '쓰레기는 더럽다'고 하면 분별이다. '차 소리가 들린다'고 하면 지각이고, '차 소리는 듣기 싫다'고 하면 분별이다. '저것은 오이다'라고 하면 지각이고, '오이는 냄새가 좋다'고 하면 분별이다. 즉 주관의 감정이나 가치가 개입되면 분별이고, 그렇지 않으면 지각이다. 지각하지 않으면 생존할 수가 없지만 분별은 번뇌의 근원이다.

그러니까 인간은 대상을 지각만 하는 게 아니라 지각하면서 자신의 이기심과 선입견이나 감정을 바탕으로 해서 끊임없이 분별하고 비교하고 가늠한다. 분별은 '나/나 아닌 것'을 시작으로 해서 '좋다/싫다', '밉다/곱다', '아름답다/추하다', '깨끗하다/더럽다' 등과 같은 2분화이다.

이 분별이 번뇌의 뿌리이다. 왜냐하면 마음은 그 분별의 어느 한쪽에 애착하거나 혐오하기를 끝없이 반복하면서 혼란과 요동을 거듭하기 때문이다. 애착과 혐오의 강도가 크면 클수록 더욱더 불안정과 갈등에 휘둘린다.

따라서 6처는 소멸시켜야 할 작용이지만, 6근은 소멸시켜야 할 작용이 아니다. 6근의 소멸, 곧 지각 작용의 소멸은 목석이거

——————

나 죽음이다. 12연기에서 '명색이 소멸하므로 6처가 소멸하고, 6처가 소멸하므로 촉이 소멸하고'는 분별하는 6처의 작용이 소멸한다는 뜻이지, 지각 작용이 소멸한다는 뜻은 아니다. 12연기의 무명에서 일어나는 건 6처이지 6근이 아니다. 아라한은 6근의 소멸이 아니라 6처가 소멸한 성자이다.

> 사리불이 다시 물었다.
> "현자 구치라여, 죽음과 멸진정滅盡定에 드는 것은 어떤 차이가 있습니까?"
> 존자 구치라가 대답했다.
> "죽은 자는 수명이 다해 따뜻한 기운이 사라지고, 여러 지각 작용[근根]이 허물어집니다. 멸진정에 든 비구는 수명이 다하지 않고, 따뜻한 기운도 사라지지 않고, 여러 지각 작용도 허물어지지 않습니다. 죽음과 멸진정에 드는 것은 이런 차이가 있습니다."
> 《중아함경》 제58권 〈대구치라경大拘絺羅經〉

12처에서 안식眼識·이식耳識·비식鼻識·설식舌識·신식身識·의식意識의 6식識이 일어나 18가지 집단으로 분열된 마음 상태가 18계界이다. 이 18계에서 6처와 6외처와 6식의 '화합'이 촉觸이고, 촉에서 수온受蘊·상온想蘊·행온行蘊이 일어나 5온을 형성한다.

3) 5온

온蘊은 '무더기'·'더미'·'무리'라는 뜻이다. 5온은 탐욕으로 분별하고 집착하는 5가지 의식의 무더기이다. 5음陰·5수음受陰·5취온取蘊이라고도 한다. 5수음受陰의 '수受'는 '집착'이라는 뜻이다.

① 색온色蘊(Ⓟ rūpa-khandha): 안眼·이耳·비鼻·설舌·신身이
   그 대상, 곧 색色·성聲·향香·미味·촉觸을 '분별하는 작용'
   의 무더기.

② 수온受蘊(Ⓟ vedanā-khandha): 분별한 갖가지 '느낌'의 무더기.

③ 상온想蘊(Ⓟ saññā-khandha): 과거와 미래로 떠도는 '생각'
   의 무더기.

④ 행온行蘊(Ⓟ saṅkhārā-khandha): 탐욕으로 무엇을 어떻게
   하려는 '의지'의 무더기.

⑤ 식온識蘊(Ⓟ viññāṇa-khandha): 분별하여 아는 '인식'의 무
   더기.

> 2가지 법이 있나니, 안眼과 색色이다. 안과 색으로 말미
> 암아 안식眼識이 생기고, 안과 색과 안식의 화합이 촉觸이
> 다. 촉에서 수受·상想·사思가 함께 생긴다.
>
> 《잡아함경》제13권 306경

그때 세존께서 여러 비구에게 말씀하셨다.

"2가지에 의존해서 식識이 생긴다. 어떤 것이 2가지인가? 안과 색, 이와 성, 비와 향, 설과 미, 신과 촉, 의와 법이다. (…)

안과 색에 의존해서 안식이 생긴다. 안은 무상하고, 분별이고, 마음에서 생긴다. 색과 안식도 무상하고, 분별이고, 마음에서 생긴다. 이 안과 색과 안식의 화합이 촉觸이다. 촉하고서 수受하고, 수하고서 사思하고, 사하고서 상想한다. 이런 것들도 다 무상하고, 분별이고, 마음에서 생긴다. 이것이 촉觸·상想·사思이다.

이·비·설·신·의도 그와 같다.

《잡아함경》제8권 214경

18계에서, 안·이·비·설·신의 5가지 분별하는 작용과, 그 작용으로 분별한 5가지 대상, 곧 색·성·향·미·촉이 '색온'이다. 그리고 6처와 6외처와 6식의 '화합'인 촉에서 발생한 수·상·사는 '수온'·'상온'·'행온'이고, 안식·이식·비식·설식·신식·의식의 6식이 '식온'이다.

12처에서 6식이 일어나 마음이 18가지 집단으로 분열된 상태에서 5온이 발생하므로, 5온은 탐욕과 분별과 집착의 무더기이다.

행온의 행行을 '의지'라고 번역했으나, 정확히는 마음에 따라 붙어 일어나고 소멸하는 '마음 부수'이다. 부파불교의 설일체유부說一切有部는 마음 부수를 46가지로 분석했는데, 이 가운데 수受와 상想을 제외한 44가지가 행온에 속한다. 이 44가지 가운데 사思(ⓟ cetanā, 의지·의도)의 작용이 가장 강하므로 행을 대표한다. (제2장 부파불교, 2. 5온의 세밀한 분석 참조)

> 어떻게 행行을 사실 그대로 아는가? 이른바 6사신思身이니, 안眼이 대상과 접촉하여 사思를 일으키고, 이耳·비鼻·설舌·신身·의意가 각각 대상과 접촉하여 사思를 일으킨다. 이것을 행行이라 하나니, 이렇게 행을 사실 그대로 안다.
>
> 《잡아함경》제2권 41경

6사신思身에서 신身은 ⓢⓟ kāya의 번역으로, 용어 뒤에 붙어 복수를 나타낸다.

> 그때 그 비구는 붓다에게 예배하고 제자리로 돌아가 붓다에게 여쭈었다.

"세존이시여, 5수음受陰은 무엇이 근본이고, 무엇이 모인 것이고, 무엇에 의해 생긴 것이고, 무엇이 화합한 겁니까?"

"5수음은 탐욕이 근본이고, 탐욕이 모인 것이고, 탐욕에 의해 생긴 것이고, 탐욕이 화합한 것이다." (…)

그 비구가 다시 여쭈었다.

"세존이시여, 무엇을 인연으로 하여 색음色陰이라 합니까? 무엇을 인연으로 하여 수음受陰·상음想陰·행음行陰·식음識陰이라 합니까?

"4대大를 인연으로 한 것을 색음이라 한다. 왜냐하면 모든 색음은 다 4대를 인연으로 하여 이루어지기 때문이다. 촉觸을 인연으로 하여 수受·상想·행行이 생기므로 수음·상음·행음이라 한다. 왜냐하면 모든 수·상·행은 다 촉을 인연으로 하기 때문이다.

명색名色을 인연으로 하기 때문에 식음識陰이라 한다. 왜냐하면 모든 식識은 다 명색을 인연으로 하기 때문이다." (…)

붓다께서 그 비구에게 말씀하셨다.

"색色으로 말미암아 기쁨과 즐거움이 일어나면 이것을 색에 빠짐이라 한다. 색은 무상하고, 괴로우며, 변하고 바뀌는 법이니, 이것을 색의 재앙이라 한다. 색에 대한 탐욕을 단속하고, 탐욕을 끊고, 탐욕을 굴복시키면, 이것을 색에서 벗어남이라 한다. 수·상·행·식도 마찬가지이다."

《잡아함경》제2권 58경

5온은 탐욕과 분별의 무더기이므로 거기에 집착하고 결박되는 한 번뇌는 끝없이 일어날 수밖에 없어, 마음의 혼란과 불안은 그치지 않는다. 따라서 5온에서 매 순간 일어났다 사라지는 변화와 작용을 지속적으로 알아차려서, 그것의 무상無常·고苦·무아無我를 거듭 통찰하여 5온의 작용을 약화시키고 소멸시켜 거기에서 벗어나는 게 수행의 요점이다.

　붓다께서 나타羅陀에게 물으셨다.
　"색色은 영원한가, 무상한가?"
　"무상합니다, 세존이시여."
　"무상하다면 그것은 괴로운 것인가?"
　"그렇습니다, 세존이시여."
　"수受·상想·행行·식識도 그와 같다. 나타야, 무상하고 괴로운 것이라면 그것은 변하는 법이다. 배운 게 많은 성자의 제자가 과연 그것에서 색은 '나'다, '나'와 다르다, '나'이면서 '나'와 다른 게 함께한다고 보겠느냐?"
　"아닙니다, 세존이시여."
　"배운 게 많은 성자의 제자는 이 5수음受陰을 '나'라거나 '내 것'이라고 보지 않으므로 모든 세간에서 소유할 게 없고, 소유할 게 없으므로 집착할 게 없고, 집착할 게 없

　　　————　　　나의 첫 번째 불교책

으므로 스스로 열반을 깨닫는다."

《잡아함경》제6권 120경

나타 비구가 붓다에게 여쭈었다.
"세존이시여, 중생이란 어떤 자를 말합니까?"
붓다께서 말씀하셨다.
"색에 집착하고 얽매이는 자를 중생이라 하고, 수·상·
행·식에 집착하고 얽매이는 자를 중생이라 한다.
나타야, 색의 경계는 반드시 허물어 소멸시켜야 하고,
수·상·행·식의 경계도 반드시 허물어 소멸시켜야 한다.
그래서 애욕을 끊어 애욕이 다하면 괴로움이 다할 것이
니, 괴로움이 다한 사람을 나는 '괴로움의 끝에 이르렀
다'고 한다.
비유하면 마을의 어린이들이 놀이로 흙을 모아 성과 집
을 만들어 놓고, 소중히 여기고 집착하여 애욕이 끝이 없
고 생각이 끝이 없고 탐닉이 끝이 없어, 늘 아끼고 지키
면서 말하기를 '내 성이다, 내 집이다' 하다가, 그 흙더미
에 애욕이 다하고 생각이 다하고 탐닉이 다하면 손으로
파헤치고 발로 차서 허물어뜨리는 것과 같다."

《잡아함경》제6권 122경

마하구치라가 사리불에게 물었다.
"비구가 아직 확실한 법을 얻지 못해 그것을 구하려면,
어떤 수행을 하고 어떤 법을 사유해야 합니까?"
사리불이 대답했다.
"확실한 법을 구하려면 정성을 다해 '5수음은 병 같고 등
창 같고 가시 같고 상처 같고, 무상하고 괴롭고 텅 비어
자아가 없다'라고 사유해야 합니다. 왜냐하면 그것은 당
연히 그러하기 때문입니다. 만약 비구가 이 5수음에 대해
정성을 다해 사유한다면 수다원과를 증득할 것입니다."

《잡아함경》 제10권 259경

탐욕으로 분별하고 집착하는 5온으로 말미암아 12연기가 일
어난다.

4) 12연기

이것이 있으므로 저것이 있고, 이것이 일어나므로 저것
이 일어난다. 무명無明으로 말미암아 행行이 일어나고, 행

—————— 나의 첫 번째 불교책

으로 말미암아 식식識이 일어나고, 식으로 말미암아 명색名色이 일어나고, 명색으로 말미암아 6처處가 일어나고, 6처로 말미암아 촉觸이 일어나고, 촉으로 말미암아 수受가 일어나고, 수로 말미암아 애愛가 일어나고, 애로 말미암아 취取가 일어나고, 취로 말미암아 유有가 일어나고, 유로 말미암아 생生이 일어나고, 생으로 말미암아 늙음·죽음·근심·슬픔·고뇌·절망이 일어난다. 이리하여 온갖 괴로움의 무더기가 일어난다. (…)

이것이 없으므로 저것이 없고, 이것이 소멸하므로 저것이 소멸한다. 무명이 소멸하므로 행이 소멸하고, 행이 소멸하므로 식이 소멸하고, 식이 소멸하므로 명색이 소멸하고, 명색이 소멸하므로 6처가 소멸하고, 6처가 소멸하므로 촉이 소멸하고, 촉이 소멸하므로 수가 소멸하고, 수가 소멸하므로 애가 소멸하고, 애가 소멸하므로 취가 소멸하고, 취가 소멸하므로 유가 소멸하고, 유가 소멸하므로 생이 소멸하고, 생이 소멸하므로 늙음·죽음·근심·슬픔·고뇌·절망이 소멸한다. 이리하여 온갖 괴로움의 무더기가 소멸한다.

《맛지마 니카야》 38 〈갈애渴愛의 소멸에 대한 큰 경〉

연기緣起(Ⓢ pratītya-samutpāda Ⓟ paṭicca-samuppāda)는 '의

존하여paṭicca 함께sam 일어난다uppāda'는 뜻이다. 이 의식에 의
존해서 그것과 함께 저 의식이 일어나는, 서로 의존해서 일어나
고 소멸하는 의식 작용이다.

초기경전에는 2연기부터 12연기까지 11가지 연기가 설해져
있는데, 이 가운데 12연기가 정형화되었다. 초기불교의 연기는
곧 12연기로서, 괴로움이 일어나고 소멸하는 12과정의 의식 작
용이다. 즉 무명 – 행 – 식 – 명색 – 6처 – 촉 – 수 – 애 – 취 – 유 – 생 –
노사이다.

연기의 형식, 즉 '이것이 있으므로 저것이 있고, 이것이 일어
나므로 저것이 일어난다[차유고피유 차기고피기此有故彼有 此起
故彼起]'에서 '이것'과 '저것'은 어떤 사물을 가리키는 게 아니라,
12연기 가운데 하나의 지분支分을 가리킨다.

① 무명無明(Ⓢ avidyā Ⓟ avijjā): 4성제를 통찰하여 체득하지
   못함으로써 일어나는 의식 작용. 탐욕을 바탕으로 해서 분
   별하고 집착하는 어리석음.
② 행行(Ⓢ saṃskārā Ⓟ saṅkhārā): 탐욕과 집착으로 무엇을
   어떻게 하려는 의지 · 의도 · 의욕.
③ 식識(Ⓢ vijñāna Ⓟ viññāṇa): '좋다/싫다' '옳다/그르다' '예
   쁘다/못나다' 등의 2분으로 분별하는 '주관'의 작용.

④ 명색名色(ⓈⓅ nāma-rūpa): 이름과 형상으로 대상, 즉 '객관'을 인식하는 작용.

⑤ 6처處(Ⓢ ṣaḍ-āyatana Ⓟ saḷ-āyatana): 6가지 분별하는 작용, 곧 대상을 분별하는 안·이·비·설·신·의의 작용.

⑥ 촉觸(Ⓢsparśa Ⓟ phassa): 6처와 그 대상인 색·성·향·미·촉·법의 6외처外處와 안식·이식·비식·설식·신식·의식의 6식의 화합으로 일어나는 온갖 의식 작용.

⑦ 수受(ⓈⓅ vedanā): 분별한 갖가지 느낌.

⑧ 애愛(Ⓢ tṛṣṇā Ⓟ taṇhā): 갈구와 애욕.

⑨ 취取(ⓈⓅ upādāna): 애욕에 의한 집착.

⑩ 유有(ⓈⓅ bhava): 존재한다는 의식.

⑪ 생生(ⓈⓅ jāti): 태어난다는 의식.

⑫ 노사老死(ⓈⓅ jarā-maraṇa): 늙고 죽는다는 의식.

12연기의 통찰에는 유전문流轉門의 순관順觀과 역관逆觀, 환멸문還滅門의 순관과 역관이 있다. 유전문은 4성제의 집성제이고, 환멸문은 멸성제이다. 붓다는 12연기의 유전문과 환멸문으로 집성제와 멸성제를 구체적으로 통찰했다.

유전문은 괴로움이 일어나는 과정에 대한 통찰이다. 12연기를 '무명無明으로 말미암아 행行이 일어나고, 행으로 말미암아 식

識이 일어나고…유有로 말미암아 생生이 일어나고, 생으로 말미암아 노사老死가 일어난다'는 통찰을 순관이라 하고, '생生으로 말미암아 노사老死가 일어나고, 유有로 말미암아 생生이 일어나고… 행行으로 말미암아 식識이 일어나고, 무명無明으로 말미암아 행行이 일어난다'는 통찰을 역관이라 한다.

환멸문은 괴로움이 소멸하는 과정에 대한 통찰이다. 12연기를 '무명無明이 소멸하면 행行이 소멸하고, 행이 소멸하면 식識이 소멸하고…유有가 소멸하면 생生이 소멸하고, 생이 소멸하면 노사老死가 소멸한다'는 통찰을 순관이라 하고, '생生이 소멸하면 노사老死가 소멸하고, 유有가 소멸하면 생生이 소멸하고… 행行이 소멸하면 식識이 소멸하고, 무명無明이 소멸하면 행行이 소멸한다'는 통찰을 역관이라 한다.

5) 무상·고·무아

모이는 성질을 가진 것은 반드시 흩어지는 성질을 가지고 있어서, 모든 존재는 매 순간 일어났다가 사라지고 사라졌다가 일어나는 생멸을 끊임없이 반복하면서 변해간다. 그래서 무상無常이다.

무상의 대표적인 현상이 생로병사이다. 인간은 자신의 의지와 관계없이 무상하기 때문에 태어나고, 무상하기 때문에 늙고 병들고 죽는다.

무상 속에 파묻혀 살아가면서 자신은 무상하고 싶지 않은 소용없는 저항이 불안과 두려움의 근원이고, 무상의 진행이 자신의 바람대로 흐르지 않으니 괴로움이다.

> 어떤 사람이 사리불에게 물었다.
> "사리불이여, '고苦, 고'라고 합니다만, 어떤 것을 고라고 합니까?"
> "벗이여, 이런 3가지가 고입니다. 그것은 고고苦苦·행고行苦·괴고壞苦입니다."
>
> 《상윳타 니카야》38:14 〈괴로움〉

고고苦苦는 태어나서 늙고 병들고 죽는 괴로움이고, 행고行苦는 5온이 탐욕과 집착과 분별의 무더기이므로 괴로움이고, 괴고壞苦는 바람이 무너짐으로써 받는 괴로움이다.

태어나서 늙고 병들고 죽는 괴로움을 4고苦라 하고, 여기에 좋아하는 대상과 헤어져야 하는 괴로움, 싫어하는 대상을 만나야 하는 괴로움, 구해도 얻지 못하는 괴로움, 5온이 탐욕과 집착과 분별의 무더기이므로 일어나는 괴로움을 더하여 8고라 한다. 고고와 행고와 괴고는 8고를 3가지로 분류한 것이다.

어느 때 붓다께서 사위국 기수급고독원에서 여러 비구에게 말씀하셨다.

"색色은 무상하다. 무상은 곧 괴로움이고, 괴로움은 자아가 아니며, 자아가 아니면 내 것 또한 아니다. 이렇게 통찰하는 것을 진실하고 바른 통찰이라 한다.

이와 같이 수受·상想·행行·식識도 무상하다. 무상은 곧 괴로움이고, 괴로움은 자아가 아니며, 자아가 아니면 내 것 또한 아니다. 이렇게 통찰하는 것을 진실하고 바른 통찰이라 한다.

거룩한 제자들아, 이렇게 통찰하는 자는 색을 싫어하고, 수·상·행·식을 싫어하고, 싫어하므로 즐기지 않고, 즐기지 않으므로 해탈하게 된다."

《잡아함경》 제1권 9경

독립적으로 분리되어 존재한다는 개체 의식을 '자아自我'라고 한다. '자아라는 생각'이 중생의 가장 견고한 집착이고, 온갖 속박의 근원이다.

모든 현상은 순간순간 서로서로 의존해서 일어났다가 사라지고 모였다가 흩어지는 생멸을 거듭한다. 자신은 그 생멸 현상의 일부분이므로 독자적으로 존재하는 개체일 수도 없고, 고유한 본질이나 불변하는 실체도 없다. 매 순간 생멸 생멸만 반복할 뿐 '자아'는 있을 수가 없다.

그래서 무아無我이다. 이 무아의 체득이 온갖 속박에서 벗어난 해탈이다.

자신의 몸-마음에서 매 순간 움직이거나 일어났다 사라지는 변화와 작용을 끊임없이 알아차리고, 그것을 무상·고·무아라고 통찰하는 게 열반의 길이다. 매 순간 몸-마음의 변화와 작용을 지속적으로 알아차리고 통찰해야 무상이 보이고, 고가 사무치고, 무아가 드러난다. 거듭 알아차리고 거듭 통찰함으로써 몸-마음에 대한 집착이 점점 떨어져 나가 그것의 속박에서 벗어나게 된다. 그래서 무상·고·무아를 열반에 이르는 3가지 근본 진리라 한다.

비구들아, 죽음을 면하려거든 4가지 근본 진리를 사유하라. 어떤 것이 4가지인가?
모든 마음 작용은 '무상'하다. 이것이 첫 번째 근본 진리이니, 사유하고 수행하라.
모든 마음 작용은 '고'이다. 이것이 두 번째 근본 진리이니, 다 함께 사유하라.

모든 존재는 '무아'이다. 이것이 세 번째 근본 진리이니,
다 함께 사유하라.

모든 번뇌의 소멸이 '열반'이다. 이것이 네 번째 근본 진
리이니, 다 함께 사유하라.

비구들아, 이 4가지 근본 진리를 사유하라. 왜냐하면 그
것으로 태어남·늙음·병듦·죽음·근심·슬픔·번뇌 등의 괴
로움에서 벗어날 수 있기 때문이다.

《증일아함경》 제23권 〈증상품增上品〉 제4경

무상·고·무아·열반을 4법인法印 또는 4법본法本이라 한다.
여기서 고를 빼거나 열반을 빼고 3법인 또는 3법본이라 한다.
'인印'은 '특징'이라는 뜻이다.

6) 열반

열반涅槃은 ⑤ nirvāṇa ⑰ nibbāna의 음사이고, '불어서 끈 상
태'라는 뜻이다. 입으로 불어 꺼진 불처럼, 탐욕貪欲과 진에瞋恚
와 우치愚癡의 불길이 완전히 소멸된 상태를 말한다. 탐진치貪瞋
癡, 즉 탐욕과 분노와 어리석음의 번뇌는 열반에 이르는 데 장애
가 되므로 3독毒이라 한다.

나의 첫 번째 불교책

붓다께서 말씀하셨다.

"비구들아, 모든 것이 타고 있다. 활활 타고 있다. 너희들은 먼저 이것을 알아야 한다. 그것은 무슨 뜻인가? 비구들아, 눈이 타고 있다. 그 대상을 향해 타고 있다. 귀도 타고 있다. 코도 타고 있다. 의식도 타고 있다. 모두 그 대상을 향해 활활 타고 있다. 비구들아, 그것들은 무엇으로 타고 있는가? 탐욕의 불길로 타고, 분노의 불길로 타고, 어리석음의 불길로 타고 있다."

《상윳타 니카야》35:28 〈불탐〉

붓다께서 말씀하셨다.

"인생은 괴로움으로 가득 차 있다. 그것은 탐욕과 분노와 어리석음 때문이다. 나는 괴로움을 없애는 방법을 가르친다. 격렬한 탐욕의 불길이 없어지면 불안이나 괴로움도 없어진다. 훨훨 타오르는 불도 그 땔감이 다하면 꺼져버리는 것과 같다. 그것을 나는 열반이라 한다."

《맛지마 니카야》72 〈왓차곳타와 불의 비유경〉

비구야, 배 안의 물을 퍼내어라.
속이 비면 배가 잘 가리니
탐욕과 분노와 어리석음을 버리면
쉽게 열반에 이르리라.

《법구경》〈사문품沙門品〉

탐욕은 삶의 진행이 자신의 뜻대로 되기를 바라고, 온갖 일이 자신의 마음에 들기를 바라는 허망한 욕망이다. 그래서 항상 건강하고, 재물을 많이 소유하고, 오래 살고, 남이 자신에게 관심 가져주기를 바란다.

그러나 생로병사가 자신의 바람대로 되지 않듯이, 아무리 탐욕이 강해도 삶은 결코 자신의 바람대로 흐르지 않는다. 삶에는 바람대로 되는 것도 있지만 바람대로 되지 않는 것도 많아서, 바람이 많으면 바람대로 되지 않는 게 많을 수밖에 없고, 바람대로 되지 않은 게 많을수록 마음은 더욱더 산란해지고 복잡해진다.

아무리 의지가 강해도 의지대로 되는 것도 있지만 그렇지 않는 것도 많고, 노력해서 되는 일도 있지만 아무리 애써 노력해도 안 되는 것도 많다. 그래서 삶이 자신의 뜻대로 되기를 바라는 탐욕은 터무니없는 욕망이다. 그런데도 인간의 탐욕은 끝이 없으니 스스로를 괴롭힌다.

특히 인간관계에서 누군가가 '나'에게 관심 가져주거나 어떻게 해주기를 바라는 탐욕은 착각이고 망상이다. 자신의 목숨이 가장 소중하듯이, 누구나 다 자기 자신의 생존과 욕망이 최우선이고 자기 외는 뒷전이다. 이게 인간의 자연스런 생존 방식이다. 그러니 그 탐욕을 버리지 못하면 착각과 망상 속에서 갈등과 실망을 거듭하며 산다.

탐욕에 사로잡혀 있는 한 자신의 바람대로 되지 않은 게 많아 삶이 혼란스러울 수밖에 없고, 탐욕으로 생존의 불안감을 해소하려 하지만 그렇게 되지 않으니까 탐욕도 끝이 없고 괴로움도 끝이 없다. 탐욕은 괴로움만 가져다줄 뿐 생존에 아무런 도움이 되지 않는 허망한 감정이고, 자신이 자신을 괴롭히고 속박하는 번뇌이다.

남들이 탐욕스럽지 자신은 그렇지 않다고 생각할 수도 있지만, 자신이 얼마나 바라는 게 많고 바람대로 되지 않은 일에 얼마나 잘 분노하는지를 절실히 자각하지 못하면 그 허망한 탐욕에서 벗어나지 못한다.

생존에 꼭 필요한 최소한의 바람으로 축소시키고, 삶의 행로를 죄다 인연에 내맡겨버리는 게 열반에 이르는 길이다.

분노는 '저항'이다. 자신의 뜻대로 되기를 바라는 탐욕이 채워지지 않아 기분이 나빠 저항하는 게 분노이다. 분노는 남의 생각이나 행동이 자신의 맘에 들지 않는다고 해서 일어나는 저항이고, 허망한 자존심에 상처를 받아 북받치는 저항이고, 매사가 자신의 뜻대로 되지 않아서 꿈틀대는 저항이고, 지금의 상태를 있는 그대로 수용하지 않는 저항이고, 아무런 잘잘못이 없는 인연의 흐름에 순응하지 않는 저항이다.

바라는 대로 되지 않거나 바라지 않는 상태와 부딪치면 분노하지만, 삶의 진행이 자신의 뜻대로 되기를 바라는 건 어리석음이고 망상이다. 삶은 수억만 가지 인연이 얽히고설켜서 흘러가기 때문에 자신의 뜻대로 되는 것보다 안 되는 게 더 많다. 어떤 일이 자신의 뜻대로 진행된다면 다행으로 여기고 감사해야겠지만 그렇지 않은 일은 단념해야 한다. 자신의 바람과 다르다고 해서 저항만 하면 분노는 끝이 없다. 그러니까 바람이 없으면 분노도 없다.

사람이 살아가는 방법은 그 머릿수만큼 많고, 여기에 우열은 없다. 그런데 자신을 남보다 뛰어난 존재로 여기는데 남이 자신을 대단한 존재로 생각해주지 않으니까 기분이 나빠 분노한다. 환상은 깨어지기 마련이고, 환상이 깨어지면서 분노한다.

자신의 생존을 위협하는 대상에는 반드시 분노해야겠지만 대부분의 분노는 생존의 문제와 직결되지 않는 시시한 체면이나 감정에서 일어난다. 쉽게 분노하는 사람은 남달리 공격 에너지가 강한 게 아니라 무너진 자존심과 체면을 빨리 회복해야 한다는 초조감에 사로잡힌 사람이다. 자존심과 체면은 생존에 도움이 되지 않는 번거로운 감정인데도 그것을 소중히 여기는 사람은 분노가 많아 평온은 없다.

분노에서 점점 벗어나는 길은, 남의 언행이 어떠하든 좋다거나 싫다고 분별하지 않고 그냥 내버려두는 '포기'에 있다. 이 포기는 자신의 하심下心이고, 남을 있는 그대로 포용하는 마음이고, 바람과 저항을 동시에 버리는 것이다.

그래도 분노가 일어나면 즉각 알아차리고 그야말로 잠깐 단 1초 만이라도 '여유'를 가져서 한 발짝 물러서면 그 충동을 잠재울 수 있다. '알아차리기'(ⓟ sati)와 잠깐의 '여유'를 반복하는 연습, 이 일상 속의 마음 단속이 자신을 안정과 평온으로 데려다준다.

어리석음은 삶의 진행이 자신의 뜻대로 되기를 바라는 탐욕을 일으키는 것이다. 현실이 자신의 뜻대로 흘러가기를 바라는 망상이다. 자신의 뜻대로 되기를 바라는 게 탐욕이고, 탐욕 때문에 분노하고, 탐욕을 일으키는 게 어리석음이다. 자신이 얼마나 탐욕스럽고 매사에 얼마나 잘 분노하는지를 자각하지 못하면, 그것을 해소할 길이 없어 열반에 이르는 길은 멀고도 멀다.

아난 존자가 전타梅陀라는 출가한 외도에게 말했다.

"탐욕에 물들어 집착하면 마음을 덮어버리기 때문에, 자기를 해치기도 하고 남을 해치기도 하며 자기와 남을 함께 해치기도 합니다. 그래서 그는 현세에서 죄를 받기도 하고 후세에 죄를 받기도 하며 현세와 후세에서 모두 죄를 받기도 합니다. 그래서 그는 항상 근심하고 괴로워하는 감정을 품게 됩니다.

또 마음이 분노에 덮이고 어리석음에 덮이면, 자기를 해치기도 하고 남을 해치기도 하며 자기와 남을 함께 해치기도 합니다. 그래서 그는 항상 근심하고 괴로워하는 감정을 품게 됩니다.

탐욕은 눈을 멀게 하고 지혜를 없애며 지혜의 힘을 약하게 하고 장애가 됩니다. 그것은 밝음이 아니고 평등한 깨달음도 아니며, 열반으로 나아가지 못하게 합니다. 분노와 어리석음도 그와 같습니다."

《잡아함경》제35권 973경

라다가 세존에게 물었다.
"세존이시여, 무엇을 위해 세속을 떠납니까?"
"격렬한 탐욕을 버리기 위해서이다."

"무엇을 위해 탐욕을 버립니까?"

"열반을 위해서이다."

"그러면 세존이시여, 무엇을 위해 열반을 얻는 겁니까?"

"라다야, 너의 질문은 너무 지나치다. 묻는 데 끝을 모르는구나. 라다야, 나의 가르침은 열반에 이르는 게 목적이다. 우리들이 청정한 수행을 하는 것도 모두 열반에 이르기 위한 것이고, 열반에서 끝난다."

《상윳타 니카야》 23:1 〈악마〉

열반에는 유여열반有餘涅槃과 무여열반無餘涅槃이 있는데, 전자는 열반에 이르렀으나 아직 '육신이 남아 있는 열반'이라는 뜻이고, 후자는 '육신이 남아 있지 않은 열반'이라는 뜻이다. 즉 전자는 살아서 모든 번뇌를 끊은 아라한阿羅漢의 경지이고, 후자는 죽음이다.

7) 수행의 길
– 37보리분법 속으로 –

37보리분법菩提分法은 4염처念處 · 4정근正勤 · 4여의족如意足 · 5근根 · 5력力 · 7각지覺支 · 8정도正道이다. 37조도품助道品 · 37도

品道品이라고도 한다. '깨달음을 이루는 데 도움이 되는 37가지 수행법'이라는 뜻으로, 초기불교 수행의 요점이다. 37보리분법을 간추리면 8정도이고, 8정도를 간략히 묶으면 戒계·정定·혜慧의 3학學이다.

(1) 4정근正勤

열반에 이르기 위해 닦아야 하는 '4가지 바른 노력'으로, 나태함과 나쁜 행위를 끊을 수 있기 때문에 4정단正斷이라고도 한다. 악을 없애고 방지하고, 선을 생기게 하고 유지하는 수행이다.

> 악을 막고 없애고, 선을 증가시키고 유지하는 것.
> 이것이 붓다가 가르친 4정근이다.
> 이를 닦는 비구는
> 괴로움의 소멸에 이른다.
>
> 《앙굿타라 니카야》4 〈행품行品〉11 행行

> 어느 때 붓다께서 사위국 기수급고독원에서 여러 비구에게 말씀하셨다.

"4정단이 있다. 어떤 것이 4가지인가? 하나는 단단斷斷, 둘은 율의단律儀斷, 셋은 수호단隨護斷, 넷은 수단修斷이다.

어떤 것이 단단인가? 비구가 이미 생긴 불선법不善法을 끊으려는 의욕을 가지고 부지런히 노력하는 데 마음을 쏟는 것이다.

어떤 것이 율의단인가? 아직 생기지 않은 불선법이 생기지 않도록 의욕을 가지고 부지런히 노력하는 데 마음을 쏟는 것이다.

어떤 것이 수호단인가? 아직 생기지 않은 선법善法이 생기도록 의욕을 가지고 부지런히 노력하는 데 마음을 쏟는 것이다.

어떤 것이 수단인가? 이미 생긴 선법을 더욱더 닦고 익히려는 의욕을 가지고 부지런히 노력하는 데 마음을 쏟는 것이다."

《잡아함경》제31권 877경

인용문에서 '불선법'은 열반에 이르는 데 장애가 되는 탐욕과 분노와 어리석음의 3독毒을 말하고, '선법'은 3독이 감소되는 상태를 말한다.

4정근은 8정도에서 정정진正精進의 내용이고, 5근根에서 정진근精進根의 내용이다.

(2) 4여의족如意足

4신족神足이라고도 한다. '자유자재한 힘을 성취하기 위한 4가지 기반'이라는 뜻이다. 적극적인 의욕으로 선정을 닦아 자유자재한 힘을 성취하는 욕여의족欲如意足, 정진으로 선정을 닦아 자유자재한 힘을 성취하는 정진여의족精進如意足, 마음을 가다듬고 선정을 닦아 자유자재한 힘을 성취하는 심여의족心如意足, 사유하고 관찰하는 선정을 닦아 자유자재한 힘을 성취하는 사유여의족思惟如意足을 말한다.

이 4가지는 삼매를 성취하고, 자유자재한 힘을 성취하고, 열반을 성취하는 기반이다.

(3) 5근根

열반에 이르게 하는 '5가지 마음의 기능'으로, 신근信根·정진근精進根·염근念根·정근定根·혜근慧根을 말한다. 근根(ⓢⓟ indriya)은 기능·작용을 뜻한다.

신근은 불佛·법法·승僧과 계율戒律에 대한 견고하고 청정한 믿음이고, 정진근은 아직 생기지 않은 악은 미리 방지하고, 이미 생긴 악은 없애려고 노력하고, 아직 생기지 않은 선은 생기도록 노력하고, 이미 생긴 선은 더욱 커지도록 노력하는 수행이다. 그리고 염근은 4염처念處를 닦는 수행이다. 정근을 닦는 수행자는

4선禪에 이르게 되는데, 그것은 탐욕을 떨쳐버림으로써 희열[희
喜, ⑫ pīti]과 행복[낙樂, ⑫ sukha]이 있는 초선初禪에 이르고,
마음이 깨끗하고 집중된 삼매三昧에서 생기는 희열과 행복이 있
는 제2선禪에 이르고, 평온[사捨, ⑫ upekkhā]에 머물면서 알아
차리기(⑫ sati)와 분명한 앎을 지니고 몸으로 행복을 느끼는 제
3선禪에 이르고, 괴롭지도 즐겁지도 않은 평온으로 알아차리기
가 청정해진 제4선禪에 이른다. 혜근은 고苦·집集·멸滅·도道의
4성제를 거듭 통찰하고 체득하여 번뇌가 없는 지혜를 성취하는
수행이다.

5근이 더욱 강건해진 힘을 5력力이라 한다. 즉 신력信力·정진
력精進力·염력念力·정력定力·혜력慧力이다.

(4) 4염처念處

'4가지 알아차리기(⑫ sati, 염念)의 확립'이라는 뜻이다. 4염주
念住라고도 한다. 매 순간 움직이거나 일어났다 사라지는 신身·
수受·심心·법法의 변화와 작용을 지속적으로 알아차려서, 그것
의 무상無常·고苦·무아無我를 거듭 통찰하여 그 4가지의 속박에
서 벗어나 7각지七覺支에 이르는 수행이다. 들숨 날숨과 몸의 변
화와 동작을 지속적으로 알아차리는 신염처身念處, 대상에 대해
일어나는 온갖 느낌을 끊임없이 알아차리는 수염처受念處, 시시

각각으로 변하면서 요동치는 마음의 불안정을 계속 알아차리는 심염처心念處, 수행 중에 일어나 마음을 산란하게 하는 5개蓋·5 온蘊·12처處 등의 변화와 작용을 끊임없이 알아차려서 그것을 소멸시키는 법염처法念處이다.

《대염처경大念處經》의 4염처를 간추리면 다음과 같다.

◆ 몸에 대해 알아차리기 – 신염처

　① 들숨 날숨을 알아차리기

　② 행주좌와行住坐臥를 알아차리기

　③ 일상의 온갖 동작을 분명하게 알기

　④ 몸에 대해 싫어하는 마음을 일으키기

　⑤ 4대大를 관찰하기

　⑥ 묘지에서 닦는 부정관不淨觀

◆ 느낌에 대해 알아차리기 – 수염처

◆ 마음에 대해 알아차리기 – 심염처

◆ 법에 대해 알아차리기 – 법염처

　① 5개에 대해 알아차리기

　② 5온에 대해 알아차리기

　③ 12처에 대해 알아차리기

　④ 7각지에 대해 알아차리기

⑤ 4성제에 대해 알아차리기

마음을 단속하는 첫걸음은 '들숨 날숨을 알아차리기'이다. 마음이 평온하지 못한 것은 생각이 '지금 여기'를 떠나 과거와 미래로 떠돌아다니기 때문이다. 과거의 허상에 집착하여 후회와 원망에 시달리고, 미래의 일을 상상하여 불안과 걱정에 사로잡힌다. 그러나 지금 코앞의 들숨 날숨에 집중하는 동안은 과거도 미래도 없고, '지금 여기'만 있다. '지금 여기'에는 번뇌가 끼어들 틈이 없다. 그러니까 마음을 안정시키는 길은 멀리 있지 않다. 바로 코앞에 있다.

생각이 과거와 미래로 떠돌면 곧바로 알아차리고 지금의 들숨 날숨에 집중하기를 반복하는 연습, 이것이 마음을 다스리고 단속하는 일이다. 생각을 따라가면 괴로움의 나락에 빠지고, 들숨 날숨을 따라가면 평온에 이른다.

> 비구들아, 만약 어떤 사람이 '사문 싯다르타는 우안거雨安居 동안 어떤 수행을 자주 하는가?' 하고 물으면, 너희들은 '세존은 들숨 날숨을 알아차리는 수행을 자주 하면서 우안거를 보내셨다'라고 말하라.

비구들아, 나는 바르게 관찰하면서 숨을 들이쉬고, 바르게 관찰하면서 숨을 내쉰다.

《상윳타 니카야》 54:11 〈잇차낭갈라〉

비구는 숲속에 가거나 나무 아래에 가거나 한적한 곳에 가서 가부좌하고 상체를 곧게 세우고 전면에 알아차리기를 확립한다.

그러고는 알아차리면서 숨을 들이쉬고 알아차리면서 숨을 내쉰다. 길게 들이쉬면서 '길게 들이쉰다'고 알고, 길게 내쉬면서 '길게 내쉰다'고 안다. 짧게 들이쉬면서 '짧게 들이쉰다'고 알고, 짧게 내쉬면서 '짧게 내쉰다'고 안다.

《디가 니카야》 22 〈대염처경〉

초기불교의 수행은 들숨 날숨을 알아차리는 것에서 시작된다. 이 수행을 거듭하면 4염처 수행에 이르고, 이 수행을 계속해 나가면 7각지를 체험하게 된다.

비구들아, 들숨 날숨을 알아차리는 수행을 거듭거듭 하면 4염처에 이른다.

——————— 나의 첫 번째 불교책

4염처를 거듭거듭 수행하면 7각지에 이른다.

7각지를 거듭거듭 수행하면 지혜와 해탈을 성취하게 된다.

《맛지마 니카야》118 〈들숨 날숨을 알아차리는 경〉

세존께서 말씀하셨다.

"비구들아, 이것은 모든 중생을 청정하게 하고, 근심과 탄식을 건너게 하고, 육체적 괴로움과 정신적 괴로움을 사라지게 하고, 올바른 길을 터득하게 하고, 열반을 실현하게 하는 유일한 길이다. 그것은 바로 4염처이다. 무엇이 4염처인가?

비구가 몸[身]에서 몸을 거듭 관찰하는 수행을 하면서 지낸다. 세상에 대한 탐욕과 싫어하는 마음을 버리고, 열심히, 분명한 앎을 지니고 알아차리면서 지낸다.

느낌[受]에서 느낌을 거듭 관찰하는 수행을 하면서 지낸다. 세상에 대한 탐욕과 싫어하는 마음을 버리고, 열심히, 분명한 앎을 지니고 알아차리면서 지낸다.

마음[心]에서 마음을 거듭 관찰하는 수행을 하면서 지낸다. 세상에 대한 탐욕과 싫어하는 마음을 버리고, 열심히, 분명한 앎을 지니고 알아차리면서 지낸다.

> 법法에서 법을 거듭 관찰하는 수행을 하면서 지낸다. 세
> 상에 대한 탐욕과 싫어하는 마음을 버리고, 열심히, 분명
> 한 앎을 지니고 알아차리면서 지낸다."
>
> 《디가 니카야》 22 〈대염처경〉

신염처身念處 · 수염처受念處 · 심염처心念處를 닦고, 법염처法念處
에서는 수행 중에 일어나는 5가지 장애인 5개蓋, 곧 탐욕 · 진에
瞋恚(분노) · 수면睡眠(혼미하고 몽롱함) · 도회掉悔(들뜨거나 후회함) ·
의疑(의심)가 어떻게 해서 일어나고 사라지는지를 알아차려 그
것을 점점 소멸시키고, 매 순간 5온蘊의 변화와 작용을 알아차
려서 그것의 무상 · 고 · 무아를 거듭 통찰하여 5온의 작용을 약
화시킨다. 그리고 12처處, 곧 안 · 이 · 비 · 설 · 신 · 의와 색 · 성 ·
향 · 미 · 촉 · 법의 접촉으로 생기고 소멸하는 결박을 통찰하고,
어떻게 하면 결박이 다시 생기지 않는지를 통찰한다. 이러한 수
행을 계속해 나가면 7각지에 이른다.

(5) 7각지覺支

4염처를 거듭 수행함으로써 체험하게 되는 '7가지 깨달음의
갈래'이다. 7각분覺分 · 7각의覺意라고도 한다.

① 염각지念覺支: 몸-마음이 안정되면서 알아차리기가 더욱 뚜

———————— 나의 첫 번째 불교책

렷해지는 깨달음의 갈래.

② 택법각지擇法覺支: 열반에 도움이 되는 선법善法인지 도움이
되지 않는 불선법不善法인지를 구별하는 깨달음의 갈래.

③ 정진각지精進覺支: 선법은 증가시키고 불선법은 없애기 위
해 더욱더 정진하는 깨달음의 갈래.

④ 희각지喜覺支: 가슴에 잔잔히 사무치는 희열이 일어나는 깨
달음의 갈래.

⑤ 경안각지輕安覺支: 몸-마음이 가뿐하여 편안해지는 깨달음
의 갈래.

⑥ 정각지定覺支: 삼매三昧가 더욱더 깊어지는 깨달음의 갈래.

⑦ 사각지捨覺支: 몸-마음의 온갖 변화와 작용에 집착하지도
저항하지도 않아 마음이 평온한 깨달음의 갈래.

> 모든 여래如來·무소착無所著·등정각等正覺은 다 5개蓋와 마
> 음의 더러움과 약한 지혜를 끊고 마음을 다잡아 4염처에
> 바르게 머물고, 7각지를 닦아 최상의 바른 깨달음을 이
> 루었다.
>
> 《중아함경》제24권 〈염처경〉

몸-마음이 안정되면서 알아차리기가 더욱 뚜렷해지고, 열반에

도움이 되는 선법인지 도움이 되지 않는 불선법인지를 구별하고, 선법은 증가시키고 불선법은 없애기 위해 더욱더 정진하고, 그리하여 가슴에 잔잔히 사무치는 희열이 일어나고, 몸-마음이 가뿐하여 편안해지고, 삼매가 더욱더 깊어지고, 몸-마음의 온갖 변화와 작용에 집착하지도 저항하지도 않아 마음이 평온하다.

이 7각지를 닦아 최상의 바른 깨달음에 이르게 된다.

8) 사마타와 위팟사나

사마타(ⓟ samatha, 지止)는 하나의 대상에 집중해서 마음을 고요하게 가라앉히는 수행이다. 그런데 사마타만으로는 열반에 이를 수 없다. 왜냐하면 사마타는 의식의 불순물을 잠시 가라앉혀 주지만 잠재의식에 잠복하고 있는 불순물을 제거하지는 못한다. 잠재의식의 불순물이 제거되지 않으면 마음은 결코 정화되지 않는다. 왜냐하면 의식은 잠재의식에 뿌리를 두고 일어나고 소멸하기 때문이다. 잠재의식의 불순물을 제거하는 수행이 위팟사나이다.

위팟사나(ⓟ vipassanā, 관觀)는 자신의 몸-마음에서 매 순간 움직이거나 일어났다 사라지는 변화와 작용을 분별하지 않고 있는 그대로 수용해서 지속적으로 알아차리고 통찰하여 무상無常·고苦·무아無我를 체득하는 수행이다. 그리하여 열반으로 나아간다.

'좋다/싫다' 등으로 분별하면 애착과 혐오 때문에 집중이 흐트러져 있는 그대로 알아차릴 수 없다. 그래서 알아차리기에는 분별하지 않는 평정심이 유지되어야 한다. 어떤 대상을 마주할 때마다 '좋다/싫다'를 기본으로 하는 분별은 자동적으로 즉각 일어나기 때문에 분별을 약화시키지 않으면 바르게 알아차릴 수 없다.

위팟사나의 대상은 자신의 몸-마음이다. 몸-마음 아닌 것은 열반과 무관하기 때문에 알아차리기의 대상이 아니다. 예를 들어 좌선하여 들숨 날숨을 알아차리거나, 들숨 날숨으로 아랫배(배꼽 아래)가 부풀고 오므려지는 움직임의 감각을 끊임없이 자세히 알아차린다. 그러다가 어떤 생각이 일어나면 그것을 곧바로 알아차리고, 그 생각이 사라지면 다시 들숨 날숨이나 아랫배의 움직임을 알아차린다. 들숨 날숨이나 몸의 감각을 끊임없이 세밀하게 알아차리는 게 위팟사나의 기본이다.

또한 천천히 걸으면서 오른발과 왼발의 움직임과 감각을 알아차리는 행선行禪의 방식도 있다. 자연스럽게 그저 발이 어떻게 움직이는지, 어떤 감각이 일어나고 사라지는지를 한 발 한 발 자세히 알아차리면서 걷는다. 걷다가 어떤 생각이 일어나면 그것을 곧바로 알아차리고 그 생각이 사라지면 다시 두 발에 집중해서 정확히 알아차린다.

좌선이나 행선할 때 어떤 생각이 일어나더라도 그것을 좋다거나 싫다고 분별하지만 않으면, 그 생각은 시시해져 곧 소멸한다. 하찮은 것에는 집착하지 않기 때문이다.

위팟사나의 알아차리기는 자각이고 집중이다. 과거나 미래의 어떤 부질없는 생각이 일어나더라도, 그것을 곧바로 자각하고 거기에 저항하지 않고 그냥 내버려두면 그 생각은 힘을 잃고 곧 소멸한다. 그러면 곧바로 '지금 여기'에 집중한다. 즉 알아차리기가 없으면 자각도 없고, '지금 여기'에 집중할 수도 없다. 평정심으로 알아차리기를 계속하고 있는 동안은 생각이 '지금 여기'에 머문다.

알아차리기에 몰입하는 수행은 몸-마음이 정화되는 과정이고, 몸-마음이 본래부터 지니고 있는 자연 그대로의 상태를 꿰뚫어 보기 위한 통찰이다. 알아차리기에 몰입하기를 꾸준히 반복하면 몸-마음의 무상無常을 꿰뚫어 보게 되고, 고苦를 절실히 느끼고, 개체 의식이 소멸된 무아無我를 체득하게 된다.

위팟사나 수행이 지속되고 깊어지면 몸-마음이 매 순간 끊임없이 일어났다 사라지는 진동의 흐름으로 느껴지고, 의식과 잠재의식의 장벽이 허물어져 잠재의식에 오랫동안 쌓여 잠복해 있던 불순물이 의식의 차원으로 올라온다. 이때 수행자는 그 불순물의 내용이 어떠하든 휘둘리지 않고 평정심을 유지하면서 그 불순물을 계속 알아차린다. 그러면 그것은 힘을 잃고 소멸한다. 계속 의식의 표면으로 올라오는 그 불순물을 하나하나 제거해서 마음이 완전히 정화된 성자가 아라한이다.

아무리 묘한 말씀 많이 읽어도
방탕하여 계율을 지키지 않고
탐욕과 분노와 어리석음에 빠져서
지관止觀(사마타와 위팟사나)을 닦지 않으면
소 떼와 같을 뿐
붓다의 제자라고 할 수 없다.

《법구경》〈쌍요품雙要品〉

비구야, 부지런히 거듭 수행해
무더기로 이루어진 이 몸을 관찰하고
밤낮으로 항상 오로지 한곳에 집중해
바른 지혜로 알아차리기를 확립하면
온갖 분별 영원히 쉬어
청량한 곳에 이르리라.

《잡아함경》제10권 265경

9) 3학

열반에 이르려는 수행자가 반드시 닦아야 할 3가지 수행으로,
계학戒學·정학定學·혜학慧學을 말한다. 계학은 계율을 지키는 수
행이고, 정학은 4선을 닦는 수행, 혜학은 4성제를 통찰하는 수
행이다.

계학은 자신을 지키고 단속하는 수행의 첫걸음이다. 한번 마
음의 계율을 깨뜨리면 온갖 번뇌가 일어나니, 계율[戒]을 간직
하지 않으면 선정[定]을 닦을 수 없고, 선정을 닦지 않으면 지혜
[慧]를 이룰 수 없다.

정학은 4선을 닦는 것으로, 탐욕을 떨쳐버림으로써 희열[희
喜, ⑫ pīti]과 행복[낙樂, ⑫ sukha]이 있는 초선에 이르고, 마음
이 깨끗하고 집중된 삼매에서 생기는 희열과 행복이 있는 제2
선에 이르고, 평온[사捨, ⑫ upekkhā]에 머물면서 알아차리기(⑫
sati)와 분명한 앎을 지니고 몸으로 행복을 느끼는 제3선에 이
르고, 괴롭지도 즐겁지도 않은 평온으로 알아차리기가 청정해진
제4선에 이르는 수행이다.

혜학은 4성제를 통찰하는 수행으로, 괴로움이라는 성스러운
진리를 통찰하고, 괴로움의 발생이라는 성스러운 진리, 괴로움
의 소멸이라는 성스러운 진리, 괴로움의 소멸에 이르는 길이라

는 성스러운 진리를 통찰하고 체득하여, 번뇌가 소멸된 지혜를 성취하는 것이다.

> 비구가 수시로 뛰어난 계학과 뛰어난 정학과 뛰어난 혜학을 닦아서, 때가 되면 자연히 아무런 번뇌도 일어나지 않아 마음이 잘 해탈할 것이다.
>
> 《잡아함경》 제29권 827경

3학學을 풀어놓으면 8정도이고, 8정도를 간추리면 3학이다.

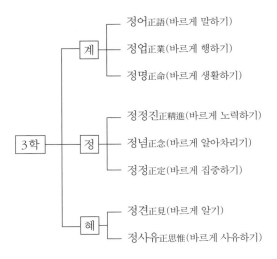

10) 4무량심

살아 있는 것들이 다 행복하기를 바라는 자심慈心, 살아 있는 것
들이 다 고뇌에서 벗어나기를 바라는 비심悲心, 남이 즐거워하면
함께 기뻐하는 희심喜心, 남을 평온하게 대하는 사심捨心을 4가
지 한량없는 마음, 즉 4무량심無量心이라 한다.

어느 때 세존께서 사위성에서 걸식하여 식사하고 나서
기원정사를 산책하다가 라훌라에게 가서 말씀하셨다.
"너는 반드시 들숨 날숨에 집중하는 수행을 하라. 그것
을 닦으면 온갖 근심·걱정이 사라진다. 또 육신은 깨끗
하지 못하다는 부정관不淨觀을 닦으라. 그러면 탐욕이 소
멸된다.
라훌라야, 살아 있는 것들이 다 행복하기를 바라는 마음
을 닦으라. 그러면 분노가 소멸된다. 살아 있는 것들이
다 고뇌에서 벗어나기를 바라는 마음을 닦으라. 그러면
남을 해치려는 마음이 소멸된다. 남이 즐거워하면 함께
기뻐하는 마음을 닦으라. 그러면 미워하는 마음이 소멸
된다. 남을 평온하게 대하는 마음을 닦으라. 그러면 교만
한 마음이 소멸된다."

《증일아함경》제7권 17〈안반품安般品〉

나의 첫 번째 불교책

세존께서 말씀하셨다.

"아난아, 내가 이전에 너에게 4무량無量을 설했다. 비구는 살아 있는 것들이 다 행복하기를 바라는 마음을 4방·4유·상하에 가득 채운다. 그 마음과 함께하면 번뇌도 없고 원한도 없고 분노도 없고 다툼도 없나니, 지극히 광대하고 한량없이 잘 닦아 모든 세간을 가득 채우고 지낸다. 이와 같이 살아 있는 것들이 다 고뇌에서 벗어나기를 바라는 마음과 남이 즐거워하면 함께 기뻐하는 마음과 남을 평온하게 대하는 마음도 그러하여, 번뇌도 없고 원한도 없고 분노도 없고 다툼도 없나니, 지극히 광대하고 한량없이 잘 닦아 모든 세간을 가득 채우고 지낸다.

아난아, 너는 젊은 비구들에게 이 4무량을 설하여 그들을 가르쳐야 한다. 만약 젊은 비구들에게 이 4무량을 설하여 가르치면, 그들은 평온을 얻고 힘을 얻고 즐거움을 얻어, 번뇌의 열기로 뜨거워지지 않고 일생 동안 청정한 행을 닦을 것이다."

《중아함경》 제21권 〈장수왕품長壽王品〉 설처경說處經

자비희사는 분노와 남을 해치려는 마음과 남을 미워하는 마음과 교만을 약화시키는 길이다. 4무량심은 남들과의 관계에서 남을 사랑하고 자신의 마음을 정화하는 일이고, 자신을 사랑하고 남을 배려하는 마음이다. 자신을 사랑하지 않는 사람은 남을 사랑하지 못하고, 남을 배려하지 않는 사람은 자신도 배려하지 못한다.

　남에게 화를 내거나 해를 끼친 결과는 결국 자신에게 돌아와 마음의 평온을 깨뜨리고, 남을 미워하거나 잘난 체하는 교만은 자신의 마음을 산란하게 하고 갈등을 일으킨다. 따라서 자비희사는 자신의 마음을 안정시키는 일이고, 남을 소중히 여기는 일이다. 누구나 다 결함이나 허물이 있기 마련이므로, 그것을 질책하지 않고 그대로 다 포용하고 배려하는 게 한량없는 마음이다. 자신의 삶이 소중하듯 남의 삶도 소중하니, 남을 저항 없이 있는 그대로 다 받아들이면서 자신을 보살피고 단속하며 사는 것, 이것이 일상 속의 수행이다.

눈에 보이는 것이나 보이지 않는 것이나
멀리 살고 있는 것이나 가까이 살고 있는 것이나
이미 태어난 것이나 앞으로 태어날 것이나
살아 있는 것들은 다 행복하라.

어머니가 외아들을 목숨 바쳐 보호하듯
살아 있는 모든 것들에게
한없는 자비심을 일으키라.

서 있거나 걸어가거나 앉아 있거나 누워 있거나

잠자지 않는 동안에는

자비심을 굳게 지니라.

이것이야말로 참으로 청정한 삶이다.

《숫타니파타》제8경

11) 계율

계율戒律은 불자가 지켜야 할 행위·몸가짐·규범·규율을 말한다.

불교의 수행을 3가지로 요약한 3학學에서 첫 번째가 계학이듯이, 불교의 수행은 계율을 지키는 데서 시작된다. 계율의 뿌리는 '남에게 해를 끼치지 마라'이다. 계율에서 첫 번째가 불살생 不殺生인 이유는 남을 해치는 일이 곧 자신을 해치는 일이기 때문이고, 남을 해치려는 마음이 자비의 씨앗을 소멸시키기 때문이다. 그러니 남에게 해를 끼치지 않는 게 자신을 보호하는 일이고, 남을 소중히 여기는 게 자신을 소중히 여기는 일이다. 그래서 계율을 간직한 삶은 청정하여 편안하고, 계율을 지키는 그 자체가 수행이다.

초기불교의 계율에는 5계戒·10계戒·구족계具足戒 등이 있다.

(1) 5계戒

불자가 지켜야 할 5가지 계율이다.

① 불살생계不殺生戒: 살아 있는 것을 죽이지 마라.

② 불투도계不偸盜戒: 훔치지 마라.

③ 불사음계不邪婬戒: 음란한 짓을 하지 마라.

④ 불망어계不妄語戒: 거짓말하지 마라.

⑤ 불음주계不飮酒戒: 술 마시지 마라.

(2) 10계戒

사미沙彌와 사미니沙彌尼가 지켜야 할 10가지 계율이다. 사미
는 출가하여 10계를 받고 구족계具足戒를 받기 전의 남자 승려
를 말하고, 사미니는 출가하여 10계를 받고 구족계를 받기 전의
여자 승려를 말한다.

① 불살생계不殺生戒: 살아 있는 것을 죽이지 마라.

② 불투도계不偸盜戒: 훔치지 마라.

③ 불사음계不邪婬戒: 음란한 짓을 하지 마라.

④ 불망어계不妄語戒: 거짓말하지 마라.

⑤ 불음주계不飮酒戒: 술 마시지 마라.

⑥ 부도식향만계不塗飾香鬘戒: 향유香油를 바르거나 머리를 꾸
　　미지 마라.

⑦ 불가무관청계不歌舞觀聽戒: 노래하고 춤추는 것을 보지도 듣지도 마라.

⑧ 부좌고광대상계不坐高廣大床戒: 높고 넓은 큰 평상에 앉지 마라.

⑨ 불비시식계不非時食戒: 때가 아니면 먹지 마라. 즉 정오가 지나면 먹지 마라.

⑩ 불축금은보계不蓄金銀寶戒: 금은보화를 지니지 마라.

(3) 구족계具足戒

비구와 비구니가 받아 지켜야 할 계율로, 비구는 250계, 비구니는 348계이다.

죄를 가벼움과 무거움에 따라 여러 가지로 나누는데, 그 가운데 5가지만 소개하면 다음과 같다.

① 바라이波羅夷: ⑤ⓟ pārājika의 음사이고, 무여無餘·무잔無殘이라 번역한다. 승단에서 추방되어 비구·비구니의 자격이 상실되는 가장 무거운 죄이다. 비구의 바라이에 4가지가 있는데, 그것은 음란한 짓을 하거나 도둑질하거나 사람을 죽이거나 깨닫지 못하고서 깨달았다고 거짓말하는 죄이다.

② 승잔僧殘: '승단에 남겨둔다'는 뜻이다. 비구·비구니의 자격이 일시적으로 상실되지만, 정해진 벌칙을 받고 참회하

면 그 자격이 회복되는 죄이다.

③ 바일제波逸提: ⑤ pāyattika ℗ pācittiya의 음사이고, 타墮라고 번역한다. 사소한 거짓말이나 욕설 등을 한 가벼운 죄이다. 이 죄를 저지른 비구·비구니는 다른 비구에게 참회하면 죄가 소멸되지만, 참회하지 않으면 죽어서 지옥에 떨어진다고 하여 '타'라고 한다.

④ 바라제제사니波羅提提舍尼: ⑤ pratideśanīya ℗ pāṭidesanīya의 음사이고, 향피회向彼悔라고 번역한다. 걸식 때와 식사 때의 규칙을 어긴 가벼운 죄로, 청정한 비구에게 참회하면 죄가 소멸된다.

⑤ 돌길라突吉羅: ⑤ duṣkṛta ℗ dukkaṭa의 음사이고, 악작惡作·악설惡說이라 번역한다. 행위와 말로 저지른 가벼운 죄이다. 고의로 이 죄를 저질렀을 때는 한 명의 비구 앞에서 참회하고, 고의가 아닐 때는 마음속으로 참회하면 죄가 소멸된다.

붓다의 죽음

붓다는 35세에 네란자라 강변(보드가야Bodh Gaya)의 보리수 아래서 깨달음을 이룬 후, 인도의 북쪽 지역을 중심으로 45년 동안 여러 곳을 다니면서 가르침을 설했다.

80세 되던 해, 붓다는 라자가하(왕사성)의 영취산을 뒤로 하고 북쪽으로 향했는데, 이것이 붓다의 마지막 여정이었다. 아난다(아난)와 여러 비구가 뒤따랐다. 날란다에서 잠시 머문 후, 갠지스강을 건너 웨살리에 도착하여 대나무 숲에서 여름 안거安居를 보낸다. 그때 붓다는 더위와 장마를 이기지 못해 병에 걸려 심한 고통을 겪었다. 장마철이 거의 지나갈 무렵, 병에서 회복한 붓다가 나무 그늘에 앉아 있었다.

> 그때 세존의 얼굴 모습은 평온했고 위엄스러운 광명이 타오르듯 빛났으며, 6근은 청정했고 얼굴빛은 평화롭고 기쁨에 넘쳤다. 아난이 그 모습을 보고 생각했다.
> '내가 세존을 모신 지 25년이나 되었지만, 세존의 얼굴

빛이 저렇게 밝게 빛나는 것을 본 적이 없다.'

그러고는 자리에서 일어나 오른쪽 무릎을 땅에 꿇고 합장하여 붓다에게 여쭈었다.

"제가 세존을 모신 지 25년이나 되었지만, 지금처럼 세존의 얼굴이 빛나는 것을 보지 못했습니다. 무슨 까닭인지 듣고 싶습니다."

붓다께서 말씀하셨다.

"여래의 얼굴빛이 보통 때보다 빛나는 경우는 두 번 있다. 하나는 붓다가 처음 최상의 정각正覺을 이루었을 때이고, 둘은 목숨을 버리고 멸도滅度하려 할 때이다."

《장아함경》제3권 〈유행경遊行經〉

붓다는 웨살리를 떠나면서 아난다(아난)에게, "내가 웨살리를 보는 것도 마지막이 되리라"《디가 니카야》16 〈대반열반경〉) 하고는 천천히 웨살리를 뒤돌아보았다. 붓다와 그 일행은 간닥 Gandak강을 건너 쿠시나라 근처의 어느 마을에 이르렀다. 거기서 붓다는 대장장이의 아들 춘다가 바친 음식을 먹은 후, 피를 토하는 증상을 일으켰다. 고통을 참고 견디면서 쿠시나라에 이르러 사라沙羅나무숲으로 들어갔다.

그때 세존께서 쿠시나라에 들어가 말라족末羅族이 사는 곳으로 향하셨다. 그리고 쌍수雙樹 사이로 가서 아난에게 말씀하셨다.

"쌍수 사이에 누울 자리를 마련하는데, 머리는 북쪽을 향하도록 하고 얼굴은 서쪽을 향하도록 해라. 왜냐하면 장차 내 가르침이 널리 퍼져 북쪽에서 오래 머물 것이기 때문이다."

아난이 세존의 머리를 북쪽으로 향하도록 자리를 마련하자, 세존께서 몸소 승가리僧伽梨를 네 번 접어 그 위에 누우셨는데, 사자처럼 오른쪽 옆구리를 땅에 대고 발을 포개셨다. (…)

그때 세존께서 울다라승鬱多羅僧을 헤치고 금빛 팔을 내보이며 여러 비구에게 말씀하셨다.

"너희들은 우담발화優曇鉢華가 드물게 피는 것처럼, 여래도 그렇게 드물게 출현한다고 생각하라."

그러고는 이 뜻을 거듭 밝히려고 게송으로 말씀하셨다.

오른팔은 자금색紫金色
붓다 출현 영서靈瑞 같고
가고 오는 마음 작용 무상하니
마음을 지키고 단속하면 열반 얻으리라.

"그러므로 비구들아, 마음을 지키고 단속하라. 나는 마음을 지키고 단속했기 때문에 정각正覺을 이루었다. 한량없는 온갖 선善도 마음을 지키고 단속함으로써 얻는다. 이 세상 만물로서 영원히 존재하는 것은 없다. 이것이 여래가 남기는 최후의 말이다."

《장아함경》 제3-4권 〈유행경〉

멸도滅度는 ⑤ parinirvāṇa ⓟ parinibbāna의 번역이고, 이것을 음사하여 반열반般涅槃이라 한다. 육신의 소멸, 곧 '죽음'을 뜻한다.

쌍수는 두 그루의 사라수娑羅樹를 말한다. 이 나무는 교목으로, 잎은 긴 타원형에 끝이 뾰족하고, 옅은 노란색의 꽃이 핀다.

승가리僧伽梨는 ⑤ⓟ saṃghāṭī의 음사로 큰 가사袈裟이고, 울다라승鬱多羅僧은 ⑤ⓟ uttara-āsaṅga의 음사로 윗도리로 입는 옷이다.

우담발화優曇鉢華는 ⑤ⓟ udumbara의 음사이고, 영서靈瑞라고 번역한다. 인도 북부와 데칸 고원에서 자라는 우담발의 꽃이다. 우담발은 낙엽 관목으로 잎은 긴 타원형이고, 열매는 여러 개가 모여 맺힌다. 작은 꽃이 항아리 모양의 꽃받침에 싸여 보이지 않기 때문에 3천 년 만에 한 번 꽃이 핀다고 하여, 그 꽃을 희귀한 것이나 만나기 어려운 것에 비유한다.

2장

부파불교

법法의 뜻

5온蘊의 세밀한 분석

3세실유三世實有

아라한阿羅漢에 이르는 길

붓다가 입멸한 후 100년경(기원전 5세기)에 불교 교단은 상좌부 上座部와 대중부大衆部로 분열되었다. 이후 상좌부와 대중부 각각 에서 또 분열이 계속 일어나 기원전 2세기에는 20부파部派가 되 었다. 상좌부에서 10부가 나오고, 대중부에서 8부가 나와 18부 파가 되고, 여기에 상좌부와 대중부를 더하여 20부파이다. 이렇 게 여러 부파로 분열된 시기의 불교를 '부파불교'라 한다. 부파 불교는 대승불교가 일어난 후에도 계속 유지되어 인도에서 약 1,000년을 존속했다. 초기불교의 자료인 5부 니카야nikāya와 4 아함阿含은 다 부파불교에서 편찬하여 전승한 것이고, 부파불교 시대에 대승불교가 일어나 공존하였으므로, 부파불교에 대한 학 습은 불교를 이해하기 위해 필수적이다.

399년에 장안長安을 출발하여 인도에 간 법현法顯(?-?)의 《법현전法顯傳》, 현장玄奘(602-664)의 《대당서역기大唐西域記》, 의정義淨(635-713)의 《남해기귀내법전南海寄歸內法傳》에 의하면, 그 당시 인도 불교는 질적이나 양적으로 부파불교가 대승불교를 압도하고 있었다. 특히 《대당서역기》에는 당시 인도의 각 사찰에서 승려들이 어떤 학파의 교리를 배우는지 밝혔는데, 약 99곳의 사찰 이름이 기록되어 있다. 그중에 부파를 배우는 사찰이 60곳, 대승을 배우는 사찰이 24곳, 그리고 부파와 대승을 함께 배우는 사찰이 15곳이다. 부파를 배우는 60 사찰 가운데 설일체유부說一切有部가 14곳, 정량부正量部가 19곳, 대중부가 3곳을 차지했다.

현장이 인도를 순례할 무렵(630-644)에는 대승이 일어난 지 700여 년이 지났지만, 부파의 승려 수가 대승의 승려 수보다 약 7배나 많을 정도로 부파불교가 우세했다. 부파 가운데 상좌부계인 설일체유부와 정량부는 번창했으나 대중부계는 미약했다.

부파불교의 논사들은 붓다의 가르침을 깊이 연구하고 이해하여, 체계적으로 해석하고 분류한 논서論書들을 편찬했다. 그래서 이 시기를 '아비달마불교阿毘達磨佛敎'라고도 한다. '아비달마'는 ⓢ abhidharma ⓟ abhidhamma의 음사이다. abhi는 '…에 대하여', '뛰어난'이라는 뜻이고, dharma는 '법法'이므로 아비달마는 '법에 대하여', '뛰어난 법'이라는 뜻이다. 그래서 대법對法 · 승법勝法이라고 한역했다.

현존하는 아비달마의 대표 논서는 세친世親(ⓢ vasubandhu, 4-5세기)이 지은《아비달마구사론阿毘達磨俱舍論》과 불음佛音(ⓟ buddhaghosa, ?-?)이 지은《청정도론淸淨道論》이다. 세친은 북인도 출신으로, 설일체유부에 출가하여 여러 논서를 저술하고 만년에는 유식학唯識學에 정통했다. 불음은 중인도 출신의 승려로 430년경에 스리랑카에 가서 남방 상좌부의 3장藏을 배우고 그에 대한 주석서를 지었다.

법의 뜻

불교에서 '법法(dharma)'은 여러 가지 뜻으로 쓰이는데, 아비달마에서는 크게 2가지이다. 하나는 '가르침'이고, 둘은 '존재'이다. 따라서 아비달마는 2가지로 요약할 수 있다. 하나는 붓다의 뛰어난(abhi) 가르침(dharma)을 체계적으로 이해하는 것이고, 둘은 자신의 '의식 작용'을 일으키는 여러 존재(dharma)에 대한 (abhi) 지속적인 통찰이다. 의식에 집중해서 지금 매 순간 거기에서 움직이거나 일어났다 사라지는 변화와 작용을 끊임없이 알아차리고 통찰하는 것이다.

아비달마에서 존재(dharma)는 더 이상 분해할 수 없는 고유한 특성을 지닌 최소의 요소, 즉 고유한 특성을 잃지 않는 최소의 요소이다. 예를 들어 설일체유부에서 분류한 5위位 75법法에서의 '75법'은 고유한 특성을 지니고 있으면서 더 이상 분해할 수 없는 최소의 존재 단위이다. 따라서 아비달마에서 '제법諸法'은 모든 존재의 최소 단위이고 요소이다. 그러나 그 제법은 불변하는 게 아니라 모두 찰나에 변화를 거듭하는 존재이다.

'존재'에 두 갈래가 있다. 지금 지각하는 '책상'도 존재이고,

———— 나의 첫 번째 불교책

'생각과 영상映像과 감정'도 존재이다. 전자는 지금 바깥에 존재하는 '있다'이고, 후자는 마음속에 분별과 화면과 느낌으로 존재하는 '있다'이다. 내 앞에 책상이 '있다'도 존재이고, 좋은 생각이 '있다'거나 기분 나쁜 추억이 '있다'거나 탐욕이 '있다'거나 어떤 경험이 '있다'거나 원한이 '있다'도 존재이다. 바깥에 '있다'도 존재하는 대상이고, 의식에 '있다'도 존재하는 대상이다.

대상이란 '의식의 지향점'으로, 바깥에 존재하는 책상도 대상이고, 어떤 생각을 일으키면 그 생각도 대상이고, 과거에 만난 어떤 사람이 떠오르거나 과거의 어떤 사건이 떠오르면 그 영상도 대상이고, 누구에게 어떤 감정을 품으면 그 감정도 대상이다.

아비달마의 존재는 의식 속의 '있다'이다. 그것을 떠난 영역은 열반과 무관하기 때문에 다루지 않는다. 자신의 의식에서 순간순간 변화하고 작용하는 모든 현상을 체계적으로 분석하고 해체해서 무아無我를 체득함으로써 열반에 이르는 게 아비달마의 목적이다.

아비달마의 주제는 색법色法 · 심법心法 · 심소법心所法 · 무위법無爲法의 4가지이다. 즉 분별 작용과 마음과 마음 부수와 열반이다. 그래서 아비달마의 학습은 지금 자신의 의식 속에서 움직이거나 일어나고 사라지는 분별 작용과, 마음과 마음 부수의 흐름을 통찰하는 데서 시작된다.

이 통찰이 없으면 아비달마는 아무런 의미가 없다. 왜냐하면 아비달마는 바깥 대상에 대한 탐구가 아니라, 자신의 의식을 구성 요소로 분해해서, 지금 이 순간 그 요소들이 일어나고 소멸하는 작용을 끊임없이 알아차려 그것의 무상無常과 고苦와 무아無我를 꿰뚫어 보아, 탐욕과 분노와 어리석음을 소멸시키는 내관內觀이기 때문이다.

5온의 세밀한 분석

5온蘊은 탐욕으로 분별하고 집착하는 '5가지 의식의 무더기'로, 색온色蘊 · 수온受蘊 · 상온想蘊 · 행온行蘊 · 식온識蘊이다. 설일체유부는 이 5온을 더 세분하여 색법色法 11가지, 심법心法 1가지, 심소법心所法 46가지, 심불상응행법心不相應行法 14가지로 분류했다.

색온은 색법이고, 수온과 상온은 심소법의 대지법大地法에 포함시켰다. 행온은 마음과 함께하는 행온과 마음과 함께하지 않는 행온으로 나누어, 전자는 심소법(심상응행)에 포함시켰고, 후자는 독립시켜 심불상응행법으로 분류했다. 그리고 식온은 심법이다. 여기에 무위법無爲法 3가지를 설정하여 5위位 75법法의 체계를 세웠다.

5위位 75법法

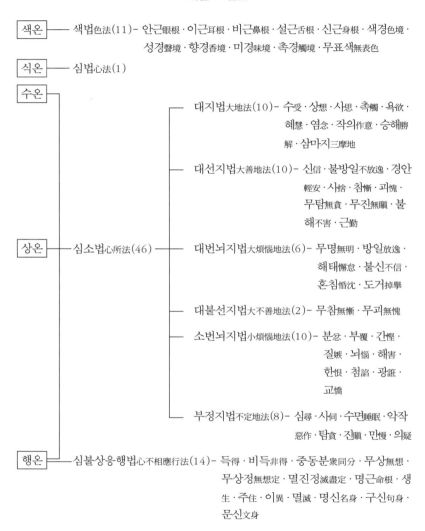

색온 —— 색법色法(11)– 안근眼根 · 이근耳根 · 비근鼻根 · 설근舌根 · 신근身根 · 색경色境 ·
성경聲境 · 향경香境 · 미경味境 · 촉경觸境 · 무표색無表色

식온 —— 심법心法(1)

수온

대지법大地法(10)– 수受 · 상想 · 사思 · 촉觸 · 욕欲 ·
혜慧 · 염念 · 작의作意 · 승해勝
解 · 삼마지三摩地

대선지법大善地法(10)– 신信 · 불방일不放逸 · 경안
輕安 · 사捨 · 참慚 · 괴愧
무탐無貪 · 무진無瞋 · 불
해不害 · 근勤

상온   심소법心所法(46) — 대번뇌지법大煩惱地法(6)– 무명無明 · 방일放逸 ·
해태懈怠 · 불신不信 ·
혼침惛沈 · 도거掉擧

대불선지법大不善地法(2)– 무참無慚 · 무괴無愧

소번뇌지법小煩惱地法(10)– 분忿 · 부覆 · 간慳 ·
질嫉 · 뇌惱 · 해害 ·
한恨 · 첨諂 · 광誑 ·
교憍

부정지법不定地法(8)– 심심尋 · 사伺 · 수면睡眠 · 악작
惡作 · 탐貪 · 진瞋 · 만慢 · 의疑

행온 —— 심불상응행법心不相應行法(14)– 득得 · 비득非得 · 중동분衆同分 · 무상無想 ·
무상정無想定 · 멸진정滅盡定 · 명근命根 · 생
生 · 주住 · 이異 · 멸滅 · 명신名身 · 구신句身 ·
문신文身

무위법無爲法(3)– 허공虛空 · 택멸擇滅 · 비택멸非擇滅

1) 색법
− 분별 작용 −

색법色法(Ⓢ Ⓟ rūpa)은 5근根과 5경境과 무표색無表色을 말한다.
5근은 안근眼根 · 이근耳根 · 비근鼻根 · 설근舌根 · 신근身根의 5가지
지각 작용이고, 5경은 그 작용으로 지각한 색경色境 · 성경聲境 ·
향경香境 · 미경味境 · 촉경觸境이다. 근根(Ⓢ Ⓟ indriya)은 '지각 작
용'을 뜻하고, 경境(Ⓢ viṣaya Ⓟ visaya)은 '대상'을 뜻한다.

색色은 4대大와 그것에서 파생된 지각이다. 4대는 지地 · 수水 ·
화火 · 풍風이다. 대상이 단단하다고 지각되면 지地라 하고, 축축
하다고 지각되면 수水라 하고, 따뜻하다고 지각되면 화火라 하
고, 움직인다고 지각되면 풍風이라 한다. 5근과 5경은 4대에서
파생된 지각 작용과 지각 대상이다.

바깥 대상을 성질이나 종류에 따라 구분하여 아는 작용을 지
각이라 한다. 그런데 인간은 대상을 지각만 하는 게 아니라 그
대상에 조금이라도 관심 있으면 지각하면서 자신의 탐욕과 선
입견이나 감정으로 분별한다. 분별은 대상을 '좋다/싫다', '밉다/
곱다', '아름답다/추하다', '깨끗하다/더럽다' 등으로 가른 2분화
이다. 이 분별하는 작용이 색법色法이다.

그리고 무표색은 형상도 없고 빛깔도 없지만, 색온이 작용한

결과가 의식에 배인 잠재력으로, 이것을 색법으로 분류했다.

2) 심법
– 마음 –

심법心法(⑤ⓟ citta), 즉 마음은 '느끼고 생각하고 의도하고 아는 작용'이다. 마음은 단위(존재)로서는 하나다. 그러나 마음이 일어나거나 소멸할 때 항상 여러 심소(마음 부수)와 함께 일어나고 함께 소멸하기 때문에 다양하게 작용한다. 마음은 찰나에 생멸을 거듭한다는 게 아비달마의 기본 전제이다. 그리고 마음은 대상 없이는 일어나지 못한다. 그 대상은 바깥 대상일 수도 있고, 마음에서 일어나고 소멸하는 온갖 현상일 수도 있다. 마음은 대상이 있어야 일어난다는 게 초기불교와 아비달마의 관점이다. 마음이 일어나니 온갖 대상이 생긴다는 대승의 주관적 관점이 아니라 대상이 있어야만 마음이 일어난다는 객관적 관점이다.

3) 심소법
– 마음 부수 –

심소법心所法(⑤ caitta ⓟ cetasika)은 '마음에 따라붙는 요소'라

는 뜻이다. 즉 항상 마음에 따라붙어 일어나고 소멸하는 요소이다. 그래서 마음(citta)을 심왕心王이라 하고, 그것에 따라붙어 일어나고 소멸하는 마음 부수(caitta)를 심소心所라고 한다. 그러나 심왕과 심소를 분리할 수는 없다. 마음을 체계적으로 설명하기 위해 구분하기는 했지만, 심왕이 대상을 생각하고 느끼고 아는 제 구실을 하기 위해서는 반드시 여러 가지 심소와 함께 일어나야 하고, 온갖 심소도 단독으로 일어나는 게 아니라 반드시 심왕에 따라붙어 일어나기 때문이다. 설일체유부는 심소를 46가지로 분류했다. 즉 대지법大地法 10가지, 대선지법大善地法 10가지, 대번뇌지법大煩惱地法 6가지, 대불선지법大不善地法 2가지, 소번뇌지법小煩惱地法 10가지, 부정지법不定地法 8가지이다. 46가지 심소 가운데 대지법의 수受와 상想은 5온의 수온과 상온이고, 이 2가지를 제외한 44가지가 5온의 행온이다.

대지법은 어떤 마음이 일어나면 '반드시' 그와 함께하는 심소이다. 대선지법은 모든 착한 마음과 함께하는 심소이고, 대번뇌지법은 모든 오염된 마음과 함께하는 심소, 대불선지법은 모든 악한 마음과 함께하는 심소이다. 소번뇌지법은 오직 무명과 함께하는 심소이고, 부정지법은 어떤 마음과 함께할지 일정하지 않은 심소이다.

아비달마에서 5온을 색법 · 심법 · 심소법 · 심불상응행법으로 나누고 그것을 다시 세분한 것은, '지금의 마음'이 무엇을 대상으로 하여 어떤 조건과 관계에서 일어나고 소멸하는지를 자세하게 밝히고, 5온을 최소의 요소(법)들로 해체해서 그것의 속성을 통찰하여, 5온의 탐욕과 분별과 집착에서 벗어나 열반에 이르게 하기 위해서이다. 이것이 아비달마에서 5온을 세밀하게 분석한 이유이고, 아비달마의 핵심이다.

4) 심불상응행법
– 마음과 함께하지 않는 존재 –

설일체유부는 마음과 함께하지 않는 추상적인 힘을 존재로 간주했다. 예를 들어 무엇을 획득하거나 성취하게 하는 힘을 득得이라 하고, 획득하지 못하게 하는 힘을 비득非得이라 한다. 그리고 풀들이 서로 비슷하고 새들이 서로 비슷하고 인간들이 서로 비슷하듯, 온갖 생물을 끼리끼리 서로 비슷하게 하는 힘을 중동분衆同分이라 한다. 마음과 마음 부수를 소멸시키는 힘을 멸진정滅盡定, 개체의 생명을 유지시키는 힘을 명근命根, 음성으로 명칭을 말하여 그 의미가 전달되는 힘을 명신名身이라 한다.

그러나 심불상응행법心不相應行法의 요소에 대해 설일체유부와 견해가 다른 부파도 있고, 특히 남방 상좌부에서는 심불상응행법을 인정하지 않는다.

5) 무위법

분별하고 차별하는 마음 작용, 또는 매 순간 생멸을 거듭하면서 변화하는 모든 현상을 유위법有爲法이라 하고, 불변하고 생멸하지 않는 상태와 모든 번뇌를 소멸시킨 열반을 무위법無爲法이라 한다. 5온을 분해한 색법·심법·심소법·심불상응행법은 다 유위법이다. 설일체유부는 무위법을 3가지로 분류했다.

① 허공무위虛空無爲: 불변하고 생멸하지 않는 공간이다.
② 택멸무위擇滅無爲: '택擇'은 '지혜'를 뜻한다. 지혜로써 모든 번뇌를 소멸시킨 열반이다.
③ 비택멸무위非擇滅無爲: 지혜로써 번뇌를 소멸시킨 상태가 아니라 생겨날 인연이 없어 아예 생겨나지 않은 상태이다.

설일체유부는 이 무위법을 유위법과 마찬가지로 존재로 간주했다.

3세실유

마음은 대상이 존재해야만 일어난다는 게 아비달마의 기본 관점이다. 설일체유부는 현재의 존재를 인식하고, 과거의 일이 떠오르거나 미래의 일을 상상하는 것은 과거와 현재와 미래의 3세가 존재[실유實有]하기 때문이라고 주장한다.

마음은 대상이 존재해야만 일어나기 때문에 만약 현재가 존재하지 않는다면 지금의 존재를 인식할 수 없고, 과거와 미래가 존재하지 않는다면, 과거의 일을 회상하거나 미래의 일을 상상하는 마음이 일어나지 않아야 하고, 과거·현재·미래가 존재하지 않는다면 과거·현재·미래에 대한 집착도 일어나지 않아야 한다는 것이다.

3세가 존재하므로 더 이상 나눌 수 없는 최소의 요소이고 단위인 법法 그 자체도 과거와 현재와 미래에 걸쳐 항상 존재한다고 하여 법체항유法體恒有라고 한다. 그러나 그 법은 최소의 요소이고 단위이고 실재이지만 불변하는 게 아니라 매 순간 온갖 인연으로 모이고 흩어지면서 변화와 작용을 거듭하는 존재이다.

3세실유는 현재를 결과로 본다면 그 원인이 되는 과거가 존재해야 하고, 현재를 원인으로 본다면 그 결과인 미래가 반드시 존재해야 한다는 것이다. 만약 과거가 없다면 과거의 온갖 노력은 이미 소멸되어 현재에 어떤 결과도 없고, 현재가 없다면 현재의 힘든 노력도 소멸되어 미래에 어떤 영향도 미치지 못한다. 과거와 현재와 미래가 존재하지 않으면 어떠한 선악의 행위도 그 과보가 없게 된다.

현재의 자신은 과거의 인연과 행위의 결과이고, 현재의 인연과 행위는 미래의 어떤 결과에 이르므로 과거와 현재와 미래는 존재한다는 것이다. 그래서 이 학파를 모든 존재를 설하는 부파, 즉 설일체유부說一切有部라 한다.

④

아라한에 이르는 길

1) 견도

《아비달마구사론》은 부파불교 가운데 설일체유부의 논서로, 요점은 모든 번뇌를 완전히 소멸하여 더 닦을 게 없는 무학도無學道의 아라한에 이르는 과정에 대한 서술이다.

견도見道는 4성제를 거듭 명료하게 통찰하여 청정한 지혜가 생기는 단계이다. 즉 4성제를 명확하게 꿰뚫어 보아 견혹見惑을 끊음으로써 그 번뇌에서 벗어나는 단계이다. 견혹은 '견도에서 끊는 번뇌'라는 뜻으로, 4성제를 알지 못하여 일어나는 지적 번뇌이다. 이 견혹을 '대부분' 끊고 처음으로 성자의 계열에 든 수행자가 예류향預流向이다.

2) 수도

견혹을 완전히 끊은 다음 수혹修惑을 끊는 단계이다. 수혹은 '수도修道에서 끊는 번뇌'라는 뜻으로, 탐욕·분노·집착·교만·감정 등에서 비롯되는 심리적 번뇌이다. 이 번뇌는 타고난 성질이고 마음의 심층에 견고하게 자리 잡고 있는 고착된 습성이어서 지적인 앎이나 판단으로 끊어지지 않는다. 그것은 선정으로 4성제를 거듭 통찰하고 체득함으로써 점차 감소된다.

수도의 성자에 예류과預流果·일래향一來向·일래과一來果·불환향不還向·불환과不還果·아라한향阿羅漢向이 있는데, 이는 수혹의 강약에 따른 분류이다. 여기서 향向은 과果(경지)에 이르기 위해 '수행하는 단계'라는 뜻이다.

예류과는 예류향에서 더욱더 정진하여 견혹을 '완전히' 끊었지만 수혹은 조금도 끊지 못한 성자이다.

일래과는 욕계欲界의 수혹을 '대부분' 끊은 성자이다. 그러나 이 성자는 그 수혹을 완전히 끊지 못했기 때문에 천상의 경지에 이르렀다가 다시 한번 인간계에 돌아와 완전한 열반을 성취한다고 하여 일래라고 한다.

욕계의 상태에서 4성제를 통찰하고 체득하여 끊어지는 수혹과 색계와 무색계에서 끊어지는 수혹에는 차이가 있다. 탐욕이 강한 욕계의 수혹은 거칠고, 색계와 무색계로 나아갈수록 미세해진다. 수도의 성자는 끊기 쉬운 욕계의 수혹부터 소멸시키기 시작하여 끊기 어려운 색계와 무색계의 수혹을 소멸시켜 나간다. 이것은 마치 거실을 청소할 때, 먼저 빗자루로 거친 티끌을

쓸고 나서 다시 걸레로 미세한 때를 닦는데, 그때는 잘 닦아지지 않는 것과 같다.

불환과不還果는 욕계의 수혹을 '완전히' 끊은 성자이다. 이 성자는 색계와 무색계로 나아가고 다시 욕계로 되돌아오지 않는다고 하여 불환이라 한다. 이 불환과의 성자가 아라한과阿羅漢果에 이르기 위해 수행하는 단계가 아라한향이다.

3) 무학도

예류향에서 아라한향까지의 성자는 아라한과에 이르기 위해 더 닦을 게 있으므로 유학도有學道라 하고, 모든 번뇌를 완전히 끊어 더 닦을 게 없는 아라한의 경지를 무학도無學道라고 한다.

아라한阿羅漢은 Ⓢ arhat Ⓟ arahant의 음사이고, 응공應供·응진應眞·무학無學이라 번역한다. 공양 받을 만하므로 응공, 진리에 따르므로 응진, 더 닦을 것이 없으므로 무학이라 한다. 욕계·색계·무색계의 모든 번뇌를 완전히 끊어 열반에 이른 성자이다.

3장

대승불교

대승불교의 핵심 사상

대승불교의 흐름과 갈래

기원전 5세기부터 부파불교시대가 전개되고 있는 가운데, 기원 전후에 대승불교가 일어나기 시작했다. 대승불교도는 자신들의 불교를 뛰어난 가르침이라 하여 '대승大乘'(Ⓢ mahā-yāna)이라 불렀고, 기존의 불교를 열등한 가르침이라 하여 '소승小乘'(Ⓢ hīna-yāna)이라 불렀다. 그러나 이 대승이나 소승은 대승불교도의 주장이지 객관적인 우열이라 할 수 없고, 대승은 새로운 불교이지 뛰어난 가르침이라 할 수도 없다. 대승은 기존의 불교에 바탕을 두고 있지만, 전혀 다른 방향으로 전개되었다.

먼저 대승불교도는 새로운 경전을 창작했다. 초기경전이 암송으로 구전되어 오던 붓다의 가르침을 문자로 기록한 것인 반면, 대승경전은 대승불교의 여러 집단이 그들의 취향대로 창작하여 편찬한 것이다. 그들은 새로운 이상과 새로운 방법과 새로운 주장을 담아, 새로운 형식으로 수많은 경전을 창작했다. 《대반야바라밀다경(대반야경)》《금강반야바라밀경(금강경)》《반야바라밀다심경(반야심경)》 등 반야부 경전을 시작으로 해서 《유마경》《화엄경》《무량수경》《법화경》《열반경》《승만경》 등이 출현했는데, 이 경전들의 내용이나 주제는 초기경전과는 판이하다.

대승경전은 불탑에 예배하고 공양하기를 설하고 경전을 독송하거나 베끼고 거기에 공양하기를 설하고 믿음과 지혜를 설하는데, 거의 모든 대승경전에 나타나는 공통된 이상은 '보살菩薩'이다.

① 대승불교의 핵심 사상

1) 보살

보살菩薩은 대승불교를 실천하는 이상적인 인간상으로, ⓢ bodhi-sattva의 음사인 '보리살타菩提薩埵'의 준말이다. bodhi 는 '깨달음', sattva는 '중생'을 뜻하므로, 보살은 '깨달을 중생'·'깨달음을 구하는 중생'·'구도자求道者'라는 뜻이다. 보살을 높여 불러 '보살마하살菩薩摩訶薩'이라 하는데, 마하살摩訶薩은 ⓢ mahā-sattva의 음사이고, '위대한 중생'이라는 뜻이다.

보살은 '위로는 깨달음을 구하고, 아래로는 중생을 교화한다 [상구보리 하화중생上求菩提 下化衆生]'고 하지만, 중생을 구제한다는 서원을 더 강조한다. 예를 들어 지장보살地藏菩薩은 지옥에서 고통을 받고 있는 많은 중생을 구제하기 전에는 결코 부처가 되지 않겠다고 서원했고, 법장보살法藏菩薩은 모든 중생이 극락정토에 태어나지 못한다면 자신은 부처가 되지 않겠다고 서원했다.

보살의 수행 가운데 대표적인 것은 4섭법攝法과 6바라밀波羅蜜이다.

그러므로 수보리야, 보살마하살이 바르고 원만한 깨달음을 이루고, 불국토를 청정하게 하고, 중생의 뜻을 성취시키고자 하면 6바라밀과 37보리분법을 닦아야 한다. 그리고 4섭법攝法으로 중생을 거두어주어야 하나니, 어떤 것이 4가지인가? 보시布施와 애어愛語와 이익利益과 동사同事이다.

《대지도론》 제76권 〈몽중부증품夢中不證品〉

4섭법은 중생을 불법佛法에 끌어들이기 위한 보살의 4가지 행으로, 남에게 부처의 가르침이나 재물을 베푸는 보시布施, 부드럽고 온화한 말을 하는 애어愛語, 남을 이롭게 하는 이익利益, 서로 협력하고 고락을 같이 하는 동사同事이다.

보살은 남에게 베풀고, 계율을 지키며, 어떤 것도 참고 견디고, 힘써 정진하며, 선정을 닦고, 분별하지 않고, 어디에도 집착하지 않는 지혜를 이루려고 하는데, 이를 6바라밀波羅蜜이라 한다. 바라밀은 ⑤ pāramitā의 음사이고, '완성'이라는 뜻이다.

아난아, 모든 보살마하살이 바르고 원만한 깨달음을 이루고자 한다면 6바라밀을 닦아야 한다. 왜냐하면 6바라밀은 보살마하살의 어머니로서 모든 보살을 낳기 때문이다.

《마하반야바라밀경》 제20권 〈누교품累教品〉

2) 6바라밀

(1) 보시바라밀布施波羅蜜

보시는 남에게 베푼다는 뜻이다. 남에게 재물을 베풀고[재시財施], 남에게 부처의 가르침을 베풀고[법시法施], 남을 온갖 두려움에서 벗어나게 해주는 것[무외시無畏施]이다.

> 수보리야, 보살은 대상에 얽매이지 않고 보시해야 한다.
> 형상에 얽매이지 않고 보시해야 하고, 소리·냄새·맛·감촉·의식 내용에 얽매이지 않고 보시해야 한다.
> 수보리야, 보살은 생각에 얽매이지 않고 보시해야 한다.
> 왜 그래야 하는가? 보살이 생각에 얽매이지 않고 보시하면, 그 복덕을 헤아릴 수 없기 때문이다.
> 《금강경》제4 〈묘행무주분妙行無住分〉

인용문에서 '생각에 얽매이지 않고 보시해야 한다'라는 말은, 보시하되 보시한다는 생각을 하지 말라는 뜻이다. 보시한다는 생각은 교만을 일으키고, 보시한 흔적을 남기려 하고, 보답을 받으려고 하기 때문이다.

(2) 지계바라밀持戒波羅蜜

대승의 계율 가운데 가장 중요한 10선善을 지키는 수행이다. 이 10선을 10선업善業 · 10선계善戒라고도 한다. 구체적인 내용은, 5계戒 가운데 불음주不飮酒를 제외한 4가지에 6가지의 새로운 조목이 첨가된 것으로, 다음의 10가지이다.

① 불살생不殺生: 살아 있는 것을 죽이지 않는다.

② 불투도不偸盜: 훔치지 않는다.

③ 불사음不邪婬: 음란한 짓을 저지르지 않는다.

④ 불망어不妄語: 거짓말하지 않는다.

⑤ 불악구不惡口: 남을 괴롭히는 나쁜 말을 하지 않는다.

⑥ 불양설不兩舌: 이간질하지 않는다.

⑦ 불기어不綺語: 교묘하게 꾸미는 말을 하지 않는다.

⑧ 불탐욕不貪欲: 탐욕을 부리지 않는다.

⑨ 부진에不瞋恚: 화내지 않는다.

⑩ 불사견不邪見: 그릇된 견해를 일으키지 않는다.

(3) 인욕바라밀忍辱波羅蜜

자신의 마음에 거슬리는 일이 있어도 노여워하지 않고 참고 견디는 수행이다.

하늘 아래 똑같은 얼굴 없듯이, 사람들의 언행은 다 다를 수밖에 없는데도 남의 언행이 자신의 마음에 들지 않는다고 해서 번번이 간섭하는 건 자신을 괴롭히는 어리석음이다. 자신의 언행은 정당하고 남은 그르다고 생각하는 건 교만이고 착각이다.

그래서 남의 언행에 화가 나거나 부정적인 말을 하려는 충동이 일어나면 곧바로 알아차려야 한다. 즉각 알아차리고 그야말로 잠깐 '틈'을 가져서 내려놓으면 그 충동을 잠재울 수 있다. 알아차려서 내려놓기를 반복하는 게 인욕의 첫걸음이다.

화를 내거나 저항하는 충동은 '기분 나쁘다'에서 솟아나는 감정이고, 생존의 유지와 아무런 관계가 없는 허망한 자존심에 상처를 받아서 일어나는 감정이다. 인욕이란 '기분 나쁘다'에 분노하거나 얽매이지 않으려는 수행이다.

'기분 나쁘다'는 자신의 감정으로 일으킨 허구의 분별이므로, 거기에 휘둘리지 않는 게 인욕의 길이다. 그러니까 인욕은 '기분 나쁘다'를 참고 견디는 수행이고, '기분 나쁘다'를 다스리고 버리는 수행이다. 그런데 이 수행이 어려운 이유는, 자신도 모르게 불쑥 솟구치는 '기분 나쁘다'라는 감정을 다스리기가 자신을 버리는 것만큼 어렵기 때문이다.

'기분 나쁘다'를 참고 견뎌 그것을 내려놓는 게 자신을 낮추는 하심下心이다. 하심하는 인간으로 존재할 수만 있다면 불안도 갈등도 긴장도 없을 것이다. 왜냐하면 낮은 곳은 더 내려갈 데가 없어 안전하기 때문이다.

그런데 인간은 본능적으로 '기분 좋다'를 욕망하고, '기분 나쁘다'에 지나치게 예민해서 늘 거기에 끌려다니기 때문에 하심하기 어렵다. 결국 '기분 나쁘다'를 다스리지 못하면 인욕도 없고 하심도 없다. 그러면 하찮은 것에 집착해서 자신의 소중한 안정을 놓친다.

'기분 나쁘다'는 단지 자신의 감정일 뿐이므로 거기에 둔감해지는 게 평온에 이르는 길이고, '기분 나쁘다'를 내려놓는 게 마음을 정화하는 길이다.

(4) 정진바라밀精進波羅蜜

나태하지 않고 힘써 노력하는 수행이다. 보시를 행하고, 계율을 지키고, 인욕과 선정과 지혜를 힘써 닦는 것이다.

(5) 선정바라밀禪定波羅蜜

선정禪定은 ⑤ dhyāna의 음사인 선禪과 그 번역인 정定의 합성어이다. 하나의 대상에 집중해서 마음의 동요와 혼란을 가라앉히는 수행이다.

(6) 반야바라밀般若波羅蜜

반야는 ⑤ prajñā의 음사이고, '지혜'를 뜻한다. 지혜의 완성은 온갖 고착 관념과 분별이 소멸되어 어디에도 얽매이지 않고 집착하지 않는 상태이다. 즉 분별하지 않고 집착하지 않는 지혜이다. 온갖 차별과 감정을 바탕으로 한 '좋다/싫다', '옳다/그르다', '아름답다/추하다' 등의 2분법이 끊어지고, 중생이 가장 끈질기게 집착하는 '나'라는 생각, '내 것'이라는 생각이 소멸된 상태이다. 이 반야바라밀을 닦지 않으면 분별과 집착에서 벗어나지 못하고 열반도 없다.

> 보리살타菩提薩埵는 반야바라밀다에 의지하므로 마음에 걸림이 없고, 걸림이 없으므로 두려움이 없고, 뒤바뀐 헛된 생각을 멀리 떠나 최상의 열반에 이른다. 3세世의 모든 부처도 반야바라밀다에 의지하여 아누다라삼막삼보리阿耨多羅三藐三菩提를 얻었다.
>
> 《반야심경》

3) 공

반야부般若部 경전들은 40여 종, 총 780권 정도의 방대한 분량이다. 이 경전들은 기원 전후에 성립되기 시작하여 4세기경에 지금의 체계를 갖추었는데, 그 경전들의 주제 가운데 하나가 공

空(Ⓢ śūnya)이다. 공의 뜻은 크게 2가지로 나눌 수 있다.

① 모든 존재는 무수한 원인과 조건들이 서로 얽히고설킨 관계 속에서 형성되어, 매 순간 변화를 거듭한다. 그러므로 거기에는 독자적으로 존속하는 실체도 없고, 불변하는 고유한 본질도 없고, 고정된 경계나 틀도 없다.

② 온갖 대상에 대한 '좋다/나쁘다', '아름답다/추하다', '있다/없다' 등의 분별이 끊어진 무분별의 상태이다. 2분의 분별이 끊어진 무분별의 상태에서는 대상을 있는 그대로 직관하게 된다.

《반야심경》은 공空에 입각해서 '불不'과 '무無' 자字를 반복 사용하여, 온갖 분별이 끊어져 어디에도 집착하지 않는 지혜의 완성을 설한 경이다. 즉 무분별無分別의 중도中道에서 설한 '깨달음의 찬가'이다.

관자재보살이 깊은 반야바라밀다般若波羅蜜多를 행할 때, 5온蘊이 모두 공空함을 꿰뚫어 보고 모든 괴로움에서 벗어났다.
사리자야, 색色이 공空과 다르지 않고 공이 색과 다르지 않고, 색이 곧 공이고 공이 곧 색이다. 수受·상想·행行·식識도 그러하다.

——————— 나의 첫 번째 불교책

사리자야, 이런 것들은 공의 상태이므로 생기지도 않고 소멸하지도 않고, 더럽지도 않고 깨끗하지도 않고, 늘지도 않고 줄지도 않는다.

그러므로 공에는 색도 없고 수·상·행·식도 없고, 안眼·이耳·비鼻·설舌·신身·의意도 없고, 색色·성聲·향香·미味·촉觸·법法도 없고, 안계眼界도 없고 내지 의식계意識界도 없고, 무명無明도 없고 무명의 소멸도 없고 내지 노사老死도 없고 노사의 소멸도 없고, 고苦·집集·멸滅·도道도 없고, 지혜도 없고 성취도 없다.

이 경에서 가장 중요한 구절은 '조견5온개공照見五蘊皆空'이다. '5온이 모두 공空함을 꿰뚫어 보고'는 온갖 탐욕과 분별과 집착을 잇달아 일으키는 5온의 작용이 끊어진 상태를 꿰뚫어 보아 무분별에 이르렀다는 뜻이다. 즉 5온의 작용이 소멸하여 무분별의 공空에 이르렀다는 것이니, 자신이 본디부터 갖추고 있는 부처의 성품을 꿰뚫어 보고 견성見性했다는 선가禪家의 경지와 같다.

'5온이 모두 공空함을 꿰뚫어 보고' 나서 '모든 괴로움에서 벗어났다.'

이어서 나오는 '색色이 공空과 다르지 않고 공이 색과 다르지 않고, 색이 곧 공이고 공이 곧 색이다'와 '생기지도 않고 소멸하

지도 않고, 더럽지도 않고 깨끗하지도 않고, 늘지도 않고 줄지도
않는다'는 무분별을 나타내는 말이다. 이어서 무분별의 구절이
계속 나온다.

분별이 끊어졌으므로 색·수·상·행·식의 5온도 없고, 안·
이·비·설·신·의의 6처處도 없고, 색·성·향·미·촉·법의 6외
처外處도 없고, 안계 내지 의식계의 18계界도 없고, 무명 내지 노
사의 12연기緣起도 없고, 고·집·멸·도의 4성제聖諦도 없다.

《반야심경》은 초기불교의 핵심 용어를 다 언급하여 그것들의
분별 작용을 소멸시킴으로써 붓다의 가르침을 간단명료하게 마
무리했다. 즉 분별에서 무분별에 이르렀다. 그래서 미혹의 이 언
덕에서 깨달음의 저 언덕으로 갔다.

아제 아제 바라아제 바라승아제 모지 사바하

揭帝 揭帝 般羅揭帝 般羅僧揭帝 菩提 莎婆訶

gate gate pāragate pārasaṃgate bodhi svāhā

번역) 갔네, 갔네, 피안에 갔네. 피안에 완전히 갔네. 깨
달음이여, 아! 기쁘구나.

대승불교의 흐름과 갈래

1) 중관

반야부 경전들의 주제 가운데 하나인 공空을 체계적으로 정리한 사람은 용수龍樹(ⓢ nāgārjuna, 2-3세기)이다. 그의 대표 저술은 《중론中論》인데, 이는 〈중송中頌〉이라 불리는 용수의 간결한 게송을 청목靑目(ⓢ piṅgala, 4세기)이 풀이한 것이다.

〈중송〉은 27품 440여 수의 게송으로 구성되어 있는데, 모든 존재는 연기緣起하므로 불변하는 실체와 고유한 본질을 부정하고, 서로 대립하거나 의존하는 분별과 상대 개념을 부정하여 해체한다. '크다/작다', '길다/짧다', '깨끗하다/더럽다' 등으로 분별하는 양극단을 모두 비판하여 중도中道를 지향한다. 왜냐하면 서로 의존해서 발생하고 소멸하는 양극단의 분별과 상대 개념은 생각이나 감정이 분할한 2분화일 뿐 실재하지 않는 허구이기 때문이다. 따라서 중도는 허구의 양극단에서 벗어나는 길이다.

> 생기지도 않고 소멸하지도 않고[불생불멸不生不滅]
>
> 영원하지도 않고 단절되지도 않고[불상부단不常不斷]
>
> 같지도 않고 다르지도 않고[불일불이不一不異]
>
> 오지도 않고 가지도 않는다[불래불거不來不去].
>
> 《중론》제1권 〈관인연품觀因緣品〉

'불생불멸·불상부단·불일불이·불래불거'를 '8불중도八不中道'라고 하는데, 이는 흑백 논리의 양극단을 간략히 네 쌍으로 분류하여 타파한 것이다. 모든 2분의 분별은 어떤 대상이나 상태에 대해 생각이나 감정이 분할한 대립이다. 이 대립의 한쪽은 다른 한쪽을 전제로 하고, 한쪽이 없으면 다른 한쪽도 없다. 예컨대 '크다'는 '작다'를, '길다'는 '짧다'를, '깨끗하다'는 '더럽다'를 전제로 하는 상대 개념일 뿐, 그 자체로 실재하는 것이 아니다.

이러한 2분법의 분별과 대립은 언어에서 비롯된다. 그러나 이는 언어의 결함이 아니라 언어의 본질이다. 언어 자체가 2분법이다. 사물이나 개념을 구분하고 각각의 대상에 이름을 붙이는 분별 작용이 언어의 기능이기 때문이다. 그런데 인간은 언어로 생각하므로 2분법은 생각의 특성이기도 하다. 모든 존재에는 애당초 어떠한 경계도 없는데, 생각으로 분할하고 언어로 이름을 붙여 구별한다. 따라서 언어와 생각으로 구별하여 인식하는 모든 개념은 허구의 경계일 뿐이다. '존재' 그 자체는 언어로 표현할 수 없으므로 모든 허구의 개념들을 부정하고 부정할 수밖에 없다고 용수는 주장한다.

〈중송〉은 어떤 체계를 갖춘 이론을 주장하는 게 아니라, 2분의 분별과 고착 관념을 파기하기 위해 부정에 부정을 거듭하는 게송이다. 만약 부정이 아닌 긍정으로 어떤 내용을 주장한다면, 언어의 허구성 때문에 그 주장 자체도(언어로 표현되었으므로) 비판의 대상이 될 수 있기 때문이다. 그래서 용수는 위의 '생멸生滅 · 상단常斷 · 일이一異 · 거래去來' 등과 같은 2분법의 개념들은 모두 서로 의존해서 일어나고 소멸하는 것, 즉 연기한 것이므로 모두 부정하여 양극단을 떠나라고 한다. 용수는 이처럼 모든 존재(사물, 개념)는 연기하므로 실체가 없어 무자성無自性이고 공空이라 한다.

용수의 연기는 초기불교의 연기와 다르다. 초기불교의 연기는 곧 12연기로서, 괴로움이 일어나고 소멸하는 '의식 작용'이지만, 용수의 연기는 '존재'에 대한 판단이고, '분별과 개념'에 대한 비판이다.

'이것이 있으므로 저것이 있고, 이것이 일어나므로 저것이 일어난다[차유고피유 차기고피기此有故彼有 此起故彼起]'는 연기의 형식이다. 초기불교에서 '이것'과 '저것'은 12연기 가운데 하나

의 지분支分을 가리키지만, 용수는 '이것'과 '저것'을 존재의 상호
관계와 2분법의 분별과 상대 개념에 적용시켰다.

여래에 대한 고찰

적멸한 상태에는
영원하다든가 무상하다는 등의
4가지 견해가 없고
적멸한 상태에서는 끝이 있다든가 끝이 없다는 등의
4가지 견해도 없다.

그릇된 견해가 깊고 두터운 자는
여래가 없다 하고
여래의 적멸한 상태에 대해서도
있다거나 없다고 분별한다.

여래는 분별을 떠났는데
사람들이 분별을 일으키니
분별로 혜안慧眼이 깨뜨려져
모두 여래를 보지 못한다.

《중론》 제4권 〈관여래품觀如來品〉

나의 첫 번째 불교책

위의 게송에서 '4가지 견해'란 4구句를 말한다. 어떠한 판단이라 하더라도 4구에서 벗어나지 않는다. 즉 하나는 긍정이고, 둘은 부정, 셋은 긍정하면서 부정하는 것, 넷은 긍정하지도 않고 부정하지도 않는 것이다. 용수는 이 4구 각각에서 오류를 찾아내 양극단을 비판하여 해체한다. 4구는 예를 들면 다음과 같다.

제1구: 죽음은 있다.
제2구: 죽음은 없다.
제3구: 죽음은 있기도 하고 없기도 하다.
제4구: 죽음은 있지도 않고 없지도 않다.

4구에서 '죽음은 있다'라는 제1구의 판단에 대해서는 '죽음은 없다'라는 제2구로 비판하고, 제1구와 제2구를 모두 비판할 때는 '죽음은 있지도 않고 없지도 않다'라는 제4구로 비판한다. 그리고 제1구와 제2구가 충돌할 때는 '진제眞諦에서는 제2구가 옳고 속제俗諦에서는 제1구가 옳다'라는 '2제諦'를 제시하는데, 이것은 '죽음은 있기도 하고 없기도 하다'라는 제3구가 된다.

그런데 제1구와 제2구만 판단이고, 제3구와 제4구는 판단이 아니므로 제1구와 제2구만이 비판의 대상이 된다. 그래서 제1구와 제2구를 양극단의 분별, 즉 '2변邊'이라 한다.

'깨끗하다'와 '더럽다'에 대한 고찰

색色·성聲·향香·미味·촉觸·법法의 바탕은
모두 공하여
불꽃 같고 꿈 같고 신기루 같다.

이 6가지에 어찌 '깨끗하다'거나
'더럽다'가 있겠는가.
마치 허깨비 같고
거울 속의 모습 같다.

'깨끗하다'에 의존하지 않고는
'더럽다'가 없고
'깨끗하다'에 의존하여 '더럽다'가 있나니
그러므로 '더럽다'는 없다.

'더럽다'에 의존하지 않고는
'깨끗하다'가 없고
'더럽다'에 의존하여 '깨끗하다'가 있나니
그러므로 '깨끗하다'는 없다.

> '깨끗하다'가 없다면
> 무엇으로 말미암아 탐욕이 있겠는가.
> '더럽다'가 없다면
> 무엇으로 말미암아 분노가 있겠는가.
>
> 《중론》 제4권 〈관전도품觀顚倒品〉

　마음은 바깥 대상을 있는 그대로 직관하는 게 아니라 자신의 선입견이나 감정으로 그 대상을 분별한다. 분별은 '좋다/싫다', '아름답다/추하다', '깨끗하다/더럽다' 등과 같이 감정이 가른 2분화이다. 이 대립하는 2분의 분별이 마음을 산란하게 하고 어지럽히는 번뇌의 뿌리다. 왜냐하면 마음은 그 분별의 어느 한쪽에 집착(탐욕)하거나 저항(분노)하기를 끝없이 반복하면서 혼란과 요동을 거듭하기 때문이다.

　'좋다'에 집착하면 할수록 '싫다'에 더욱더 예민해지고, '아름답다'에 집착하면 할수록 '추하다'에 더욱더 민감해지고, '깨끗하다'에 집착하면 할수록 '더럽다'에 더욱더 긴장하여 마음의 불안정과 소음은 끝이 없다. 따라서 2분의 어느 한쪽에 지나치게 애착하거나 지나치게 혐오하지 않는 중도中道가 평온에 이르는 길이다.

　'싫다'는 '좋다'에서 생기고, '추하다'는 '아름답다'를 전제로 하고, '더럽다'는 '깨끗하다'에 의존하니, 2분의 분별이 없다면 어찌 탐욕이나 분노가 일어나겠는가. 서로 의존해서 일어나고 소멸하는 그 분별은 실재하는 게 아니라, 자신의 감정이나 생각이 가른 허구의 분할이다. 이 허구의 경계 때문에 온갖 괴로움과 불안이 일어나므로 용수는 그 양극단을 부정하여 해소시킨다. 이 2분의 분별에서 벗어난 상태가 중도이다.

2제에 대한 고찰

모든 붓다께서는 2제諦로써
중생을 위해 설법하신다.
하나는 세속제世俗諦이고
다른 하나는 제일의제第一義諦이다.

2제를 구별하지 못하는 자는
깊은 불법佛法의 진실한 뜻을 알지 못한다.

세속제에 의하지 않고는
제일의제를 얻을 수 없고
제일의제를 얻지 않고는
열반을 얻을 수 없다.

《중론》 제4권 〈관4제품觀四諦品〉

———————— 나의 첫 번째 불교책

분별이 끊어진 상태에서 있는 그대로 파악한 진리를 진제眞諦(제일의제)라 하고, 분별과 차별로 인식한 진리를 속제俗諦(세속제)라고 한다. 속제는 중생의 분별적 사고에 맞추어 설한 가르침이고, 진제는 그 분별적 사고를 해체한다.

속제에 의해 진제를 얻고 진제에 의해 열반을 얻으므로, 속제는 진제의 수단이고 진제는 열반의 수단이다. 열반 그 자체는 언어로 표현할 수 없기 때문에, 용수는 부정에 부정을 거듭하며 열반은 있는 것도 없는 것도 아닌 공空이라 한다.

공에 대한 고찰

여러 인연으로 일어나는 것을
나는 공空이라 한다.
이것은 가명假名이고
또 중도中道이다.

일찍이 어떤 존재도
인연 따라 일어나지 않은 것이 없다.
그러므로 모든 존재는
공 아닌 것이 없다.

만약 확고한 자성自性이 있다면
세간의 온갖 존재는
생기지도 않고 소멸하지도 않고
상주하여 허물어지지 않을 것이다.

만약 공하지 않다면
아직 획득하지 못한 것을 획득할 수 없고
번뇌도 끊을 수 없고
괴로움이 다 사라지는 일도 없을 것이다.

《중론》 제4권 〈관4제품觀四諦品〉

온갖 2분의 분별과 상대 개념은 허구의 경계이므로 이것을 파기하기 위해 공을 설했는데, 공에 집착하여 공견空見을 갖게 되면 이것 또한 고착 관념이다. 그래서 공에 집착하면 '공공空空'으로 비판하고, 또 공공에 집착하면 '공공역공空空亦空'을 설한다.

그래서 용수는 다음의 게송을 읊었다.

위대한 성자께서
온갖 견해에서 벗어나게 하기 위해
공의 진리를 설하셨다.

그런데 다시 공이 있다는 견해를 갖는다면
어떤 붓다도 그를 교화하지 못한다.

《중론》제2권 〈관행품觀行品〉

열반에 대한 고찰

획득하는 것도 아니고 도달하는 것도 아니며
단멸하는 것도 아니고 상주하는 것도 아니며
생기는 것도 아니고 소멸하는 것도 아닌 것을
열반이라 한다.

온갖 인연에 집착하여
삶과 죽음을 되풀이하는 중에
그 온갖 인연에 집착하지 않는 것을
열반이라 한다.

불경에서 설했듯이
있다는 것도 끊고 없다는 것도 끊어야 한다.
그러므로 열반은
있는 것도 아니고 없는 것도 아님을 알아야 한다.

《중론》제4권 〈관열반품觀涅槃品〉

열반은 언어 저 편의, 언어의 그물에 걸리지 않는, 언어의 길이 끊어지고 일체의 차별과 분별이 소멸된 내면의 변혁이므로, 표현할 수도 없고 설명할 수도 없다. 열반은 2분법이 녹아버린 상태이기 때문에, 2분법의 언어로써는 결코 거기에 미치지 못하는 것이다. 따라서 열반은 직접적인 체험의 문제이지 앎의 영역이 아니다.

2) 유식

유식唯識이란 '오직 마음 작용뿐'이라는 뜻이다. 초기불교에서는 마음 작용을 안식眼識·이식耳識·비식鼻識·설식舌識·신식身識·의식意識의 6식識으로 분류했다. 그런데 유식논사들은 마음의 심층에서 6식에 영향을 미치고 있는 아뢰야식阿賴耶識을 감지했고, 또 6식과 아뢰야식 사이에서 매개 역할을 하는 말나식末那識을 자각해서 마음 작용을 8가지로 분류했다.

① 안식
② 이식
③ 비식 - 전5식前五識
④ 설식

⑤ 신식

⑥ 의식 – 제6식

⑦ 말나식 – 제7식

⑧ 아뢰야식 – 제8식

안식에서 신식까지의 5가지를 묶어서 전5식前五識이라 하고, 의식을 제6식, 말나식을 제7식, 아뢰야식을 제8식이라 한다.

전5식은 안·이·비·설·신이 그 대상, 곧 색色·성聲·향香·미味·촉觸을 분별하여 온갖 생각이나 감정을 일으키는 작용이다.

제6 의식은 의(意, 의식 기능)로 법(法, 의식 내용)을 분별하고 인식하는 작용이다.

제7 말나식의 말나末那는 ⓢ manas의 음사이고, 의意라고 번역한다. 제6 의식意識(ⓢ mano-vijñāna)과 구별하기 위해 '의意'라고 하지 않고 음사하여 '말나'라고 한다. 끊임없이 분별하고 생각하고 비교하고 헤아리는 마음 작용으로, 아치我癡·아견我見·아만我慢·아애我愛의 4번뇌와 '항상' 함께 일어나는 자아의식이다.

제8 아뢰야식의 아뢰야阿賴耶는 ⓢ ālaya의 음사이고, '저장'을 뜻한다. 그래서 장식藏識이라 한다. 과거에 겪은 인식·행위·경험·학습 등을 저장하고 있는 마음 작용으로, 심층에 잠재하고 있다. 과거의 경험들이 아뢰야식에 잠복 상태로 저장되어 있는 잠재력을 종자種子(ⓢ bīja) 또는 습기習氣(ⓢ vāsanā)라고 한다.

전5식과 의식과 말나식은 아뢰야식에 의지해서 일어나고, 그들이 작용한 결과는 아뢰야식에 종자로 저장된다.

유식학의 핵심 텍스트는 세친世親이 짓고 당唐의 현장玄奘(602-664)이 번역한《유식삼십론송唯識三十論頌》으로, 유식의 요점을 30개의 게송으로 밝혔다.

> 이것(아뢰야식)은 선도 악도 아니고
> 그 작용도 그러하다.
> 항상 변천하는 것이 급류 같고
> 아라한阿羅漢의 경지에서 멈춘다.
>
> 《유식삼십론송》제4송

제8 아뢰야식은 마음의 대부분을 차지하지만 너무나 미세하고, 선도 악도 아닌 중성의 상태로 마음의 심층에 잠복되어 무의식으로 작용하기 때문에 알기도 어렵고 자신의 의지로 통제되지도 않는다. 그 식은 급류처럼 찰나 찰나에 끊임없이 변화한다.

그런데 아뢰야식에 잠복하고 있는 중성의 종자가 어떤 자극으로 의식에 떠오르면 유무有無·선악善惡·미추美醜·애증愛憎·귀천貴賤 등의 온갖 분별로 나타난다. 수행으로 오염된 종자를 다 소멸시킨 성자가 아라한阿羅漢이다.

다음은 두 번째 마음 작용이다.
이것을 말나식未那識이라 하고
그것(아뢰야식)에 의지해서 일어나고 작용한다.
생각하고 헤아리고 따지는 것을 본질로 삼는다.

《유식삼십론송》 제5송

4가지 번뇌와 항상 함께하는데
곧 아치我癡와 아견我見과
아만我慢과 아애我愛이다.
그 외에 감촉 등과도 함께한다.

《유식삼십론송》 제6송

선도 악도 아니지만 수행에 방해가 되는 번뇌이고
생존 상태에 따라 얽매인다.
아라한阿羅漢과 멸진정滅盡定과
출세간도出世間道에서는 (말나식이) 작용하지 않는다.

《유식삼십론송》 제7송

제7 말나식은 바깥 대상에 의해 일어나는 게 아니라 아뢰야식을 대상으로 해서 일어난다. 그래서 아뢰야식에 저장되어 있는 과거의 인식이나 경험과 함께하고, 끊임없이 분별하고 생각하고 비교하고 가늠하는 것이 본질이다.

말나식은 자신에 대해 어리석은 아치我癡, 자신에게 고유한 자아가 있다고 여기는 아견我見, 자신을 높이고 남을 업신여기는 아만我慢, 자신만 소중히 여기고 아끼는 아애我愛의 4번뇌와 '항상' 함께 일어나고, 거기에 끝없이 집착한다. 따라서 말나식은 자신을 중심으로 해서 끊임없이 생각하고 분별하는 이기적 마음 작용이다.

범부는 말나식의 지배를 받기 때문에 이기적일 수밖에 없다. 그래서 본능적으로 이기적인 생각과 언행이 몸에 배어 있어 누구나 다 자기 중심으로 살아간다는 것을 숙지하지 않으면 남도 포용하지 못하고 자신도 포용하지 못한다.

그런데 자신을 남보다 나은 존재라는 생각에 도취되어 교만이나 아만에 빠져 있으면 평생 착각 속에서 헛생각한다. 왜냐하면 자신을 특출하다고 생각하는 사람은 단지 자신뿐이기 때문이다.

자신은 대단한 게 전혀 없는 그저 그런 보통의 평범한 존재라는 사실을 알아 자신을 제자리에 두면 불안도 갈등도 긴장도 없을 것이다. 왜냐하면 차별이 없는 평등은 안전하고 편하기 때문이다.

위의 게송에서 밝혔듯이, 모든 번뇌를 완전히 끊어 열반을 성취한 아라한, 차별하고 분별하는 온갖 마음 작용이 완전히 소멸한 멸진정滅盡定, 모든 번뇌를 떠난 출세간도出世間道에서는 말나식이 일어나지 않는다.

의식(제6식)은 항상 일어난다.
마음 작용이 소멸된 경지나
무심無心의 두 선정과
잠잘 때나 기절했을 때는 제외한다.

《유식삼십론송》제16송

전5식은 실재하는 바깥 대상을 분별하여 일어나지만 제6 의식은 그 바깥 대상 없이 일어난다. 의식은 기억·관념·견해·경험·가치 등으로 온갖 분별을 일으키고, 이미 지나가버린 과거의 허상을 떠올려 거기에 얽매이고, 아직 오지 않은 미래의 일을 상상하여 거기에 사로잡힌다. 그 내용이 천차만별인 것은 말나식과 아뢰야식이 다 다르기 때문이다.

그러나 '마음 작용이 소멸된 경지'나 '무심無心'은 말나식과 아뢰야식이 소멸된 상태여서 그런 번뇌가 일어나지 않는다.

> 5식은 근본식(아뢰야식)에 의지해서
> 조건에 따라 일어난다.
> 함께 일어나기도 하고 각각 일어나기도 하는데
> 마치 파도(전5식)가 물(아뢰야식)에 의지해서 일어나는
> 것과 같다.
>
> 《유식삼십론송》 제15송

위의 게송에서 '함께 일어나기도 하고 각각 일어나기도 하는데'는 예를 들면, 종을 보고 있으면 전5식 가운데 안식만 일어나고, 종 치는 광경을 보고 있으면 안식과 이식이 함께 일어나고, 직접 종을 치면 안식과 이식과 신식이 함께 일어난다는 뜻이다.

전5식은 말나식과 아뢰야식의 영향을 받기 때문에, 바깥 대상을 있는 그대로 보지 못하고 자신의 선입견이나 감정으로 그 대상을 분별한다. 즉 전5식은 말나식과 아뢰야식이라는 색안경을 통해 대상을 분별한다. 사람마다 말나식과 아뢰야식이 다 다르기 때문에 전5식의 분별도 다 다를 수밖에 없다.

흔히 유식학의 요점을 '유식무경唯識無境'이라 한다. 즉 '오직 마음 작용뿐이고 대상은 없다'는 뜻이다. 그러나 전5식의 대상

[경境], 즉 지금 바깥에 실재하는 대상 그 자체마저 부정해서는 안 된다. 그러면 지각 작용이 성립하지 않는다.

어떤 지각 작용이든 3가지 요소가 필요하다. 하나는 감각 기관이고, 둘은 실재하는 바깥 대상이고, 셋은 감각 기관으로부터 받은 신호들을 정리하고 해석하는 지각 작용이다. 따라서 대상 자체를 부정하면 지각 작용이 일어나지 않는다. 그러면 무생물이다.

'무경無境'에서 부정하는 대상[境]은 상상으로 만들어낸 허구의 대상과, 전5식이 말나식과 아뢰야식의 영향을 받아 '좋다/나쁘다' 등으로 분별한 대상이다. 그 분별은 객관적으로 실재하는 게 아니라 모두 마음이 지어낸 허구이다.

마찬가지로 '일체유심조一切唯心造', 즉 '모든 것은 오직 마음이 지어내었다'라는 말은, 허상·상상과 전5식의 분별은 모두 마음이 지어내었다는 뜻이지, 전5식의 대상 그 자체도 마음이 지어내었다는 뜻이 아니다. 산과 바다, 나무와 풀, 꽃과 나비 등은 마음이 지어낸 것이 아니다. 그러나 그것들을 보는 사람마다 생각이나 감정이 다 다른데, 그 생각이나 감정은 마음이 지어낸 것이다.

따라서 마음에 떠오르는 과거나 미래의 모든 화면은 허상·상상이고, 실재하는 대상도 자신의 색안경으로 분별한 대상이므로 그것은 '있는 그대로의 모습'이 아니다. 있는 그대로의 모습은 말나식과 아뢰야식이 소멸되었을 때만 직관할 수 있다.

'일체유심조'에서 '일체'는 이미 지나간 과거의 일이 떠오르는 허상과 아직 오지도 않은 미래의 일을 상상하는 머릿속의 드라마이고, 자신의 색안경에 의한 '좋다/나쁘다', '깨끗하다/더럽다', '귀하다/천하다' 등의 분별이다. 이것들은 바깥에 실재하는 게 아니라 모두 마음이 지어내었으므로 '일체유심조'이다.

> 이래저래 분별함으로써
> 갖가지 대상을 두루 분별한다.
> 이 변계소집성遍計所執性은
> 실재하지 않는다.
>
> 《유식삼십론송》 제20송

> 의타기성依他起性은 분별이고
> 조건에 의해서 생긴다.
> 원성실성圓成實性은 그것(의타기성)에서
> 앞의 것(변계소집성)을 멀리 떠난 성품이다.
>
> 《유식삼십론송》 제21송

이 3성性에 의거해서
3무성無性을 세운다.
그래서 붓다께서 모든 존재에는
자성이 없다고 본뜻을 말씀하셨다.

《유식삼십론송》제23송

이것(원성실성)은 모든 존재의 궁극적인 이치이고
또 진여眞如이다.
불변하고 분별이 끊어진 상태이기 때문에
유식의 참다운 성품이다.

《유식삼십론송》제25송

　　과거나 미래의 허상과 상상을 실재하는 것으로 착각해서 집
착하고, 온갖 분별에 의한 왜곡된 인식을 참모습이라고 착각해
서 집착하는 것을 변계소집성遍計所執性이라 한다. 모든 마음 작
용은 여러 조건에 의해 일어나므로 의타기성依他起性이고, 여기
에서 변계소집성이 제거된 청정한 성품을 원성실성圓成實性이라
한다. 원성실성은 오염된 의타기성이 청정한 의타기성으로 정화
된 상태이고, 마음의 청정한 본성, 즉 진여이다. 이 3성性에는 다
고유한 실체가 없다.

> 마음도 없고 대상도 없어 생각하거나 헤아리지 않으니
> 이는 출세간의 지혜이다.
> 주관과 객관을 버림으로써
> 문득 전의轉依를 증득한다.
>
> 《유식삼십론송》제29송

전의轉依는 번뇌에 오염되어 있는 8가지 마음 작용이 청정한 상태로 변혁된다는 뜻이다. 전의는 온갖 분별이 끊어졌기 때문에, 2분법의 언어로 표현할 수 없는 스스로 체득한 내면의 깨달음이다. 허상과 상상이 일어나지 않아 '지금 여기'에 머물고, 대상을 분별하지 않고 있는 그대로 직관하는 상태이다.

3) 여래장

여래장如來藏은 '중생의 마음에 감추어져 있는 여래의 청정한 성품'이라는 뜻이다. 그 내용은 중생의 마음에는 본디부터 여래의 청정한 성품이 간직되어 있지만 번뇌에 가려 드러나지 않으므로, 번뇌만 제거하면 그 성품이 드러난다는 것이다. 마치 낭떠러지에 있는 벌집의 벌떼를 제거하면 바로 석밀石蜜이 드러나듯이. 따라서 여래장은 자신의 마음에 본디부터 여래의 청정한 성품

———————

이 내재되어 있다는 자각을 바탕으로 한다.

> 내가 중생들을 보니
> 모두 여래장을 간직했으나
> 더러움에 뒤덮인 꽃처럼
> 한량없는 번뇌에 덮여 있네.
>
> 내 모든 중생들의
> 번뇌를 없애 주기 위해
> 두루 바른 가르침을 설하여
> 속히 불도를 이루게 하리라. (…)
>
> 낭떠러지의 나무에 꿀이 있는데
> 수많은 벌들에 둘러싸였네.
> 훌륭한 솜씨로 꿀을 따는 자
> 저 벌 떼를 먼저 제거하네.
>
> 중생의 여래장은
> 나무에 있는 꿀과 같은 것
> 온갖 번뇌에 얽힌 것이
> 벌 떼가 에워싼 것 같네.

나는 모든 중생들을 위해
방편으로 바른 가르침을 설하여
벌 떼 같은 번뇌를 제거해
여래장을 열어젖히리라.

《대방등여래장경大方等如來藏經》

중생의 마음에 여래의 성품이 없다면 아무리 수행해도 그것이 드러나지 않을 것이다. 그러나 중생은 본디부터 청정한 성품을 갖추고 있어, 온갖 번뇌와 헛된 생각을 제거하여 그것을 드러나게 하는 과정이 곧 수행이다.

여래장은 진여眞如의 성품이다. 즉 여래의 청정한 씨앗이 마음의 청정한 본성이다.

아난아, 너는 온갖 덧없는 대상이 다 허깨비 같아서, 생기지만 생긴 곳이 없고, 사라지지만 사라진 곳이 없는 줄 모르는구나. 형상은 허망하지만 그 성품은 묘하게 깨어 있는 밝음 그 자체이다.
이와 같이 5음陰·6입入·12처處·18계界에 이르기까지, 인연이 화합하여 허망하게 생기고 인연이 흩어져 허망하게

나의 첫 번째 불교책

사라진다. 생기고 사라지고 오고 가는 현상에 본래 여래
장이 늘 존재하는데, 너는 그것이 바로 오묘하게 밝고 부
동하고 원융한 진여眞如의 성품인 줄 모르는구나.

《능엄경》제2권

대승大乘에서 대大의 의미에 3가지가 있다. 무엇이 3가지
인가?
하나는 본체의 위대함[체대體大]이니, 모든 존재는 진여眞
如에서 나와서 평등하고 늘거나 줄지 않기 때문이다.
둘은 특질의 위대함[상대相大]이니, 여래장이 한량없는
성품의 공덕을 갖추고 있기 때문이다.
셋은 작용의 위대함[용대用大]이니, 모든 세간과 출세간
의 선善한 인과를 생겨나게 하기 때문이다.

《대승기신론》

진여의 마음은 모든 존재에 두루 통하는 본질이고 본바
탕이며, 마음의 본성은 불생불멸이다. 모든 존재는 오직
헛된 생각으로 차별이 있으니, 헛된 생각을 떠나면 온갖

경계는 없다. 그러므로 모든 존재는 본래 말을 떠나고 이름을 떠나고 분별을 떠나서, 결국 평등하고 변화가 없고 파괴되지 않아, 오직 일심一心이므로 진여眞如라고 한다.
《대승기신론》

본디부터 갖추고 있는 청정한 마음은 변하지 않는다. 변하는 것은 그 마음에 담겨 있는 온갖 그릇된 생각과 감정이다. 마음을 비운다거나 버린다는 건 그 생각과 감정을 없앤다는 뜻이다. 청정한 마음에 무명無明의 바람이 불어와 마음이 움직이기 시작하여 허망한 생각과 경계가 일어난다는 것을 자각하고, 그 생각과 경계에 집착하지 않고 얽매이지 않음으로써 여래의 청정한 성품이 드러나게 된다.

봄 오고 여름 가고 가을 오고 겨울 가고, 구름 끼고 눈 내리고 비 내리고 천둥도 치지만, 본디 하늘은 맑고 파랗다.

문: 만약 마음이 소멸하면 어떻게 그 작용이 계속 이어지는가? 계속 이어진다면 어떻게 소멸이라 말할 수 있는가?
답: 소멸한다는 것은 단지 마음의 그릇된 작용이 소멸하

는 것이지, 마음 자체가 소멸하는 게 아니다. 마치 바람이 물에 의지하여 물결을 일으키는 것과 같다. 만약 물이 소멸하면 물결이 의지할 데가 없어 단절되지만, 물이 소멸하지 않기 때문에 물결은 계속 이어진다. 단지 바람이 소멸하기 때문에 물결은 따라 소멸하지만 물이 소멸하는 것은 아니다.

무명無明도 이와 같이 마음 자체에 의지해서 움직인다. 만약 마음 자체가 소멸하면 중생이 의지할 데가 없어 단절되지만, 마음 자체가 소멸하지 않기 때문에 마음의 작용은 계속 이어진다. 단지 어리석음이 소멸하기 때문에 마음의 그릇된 작용도 따라 소멸하지만 마음의 지혜가 소멸하는 것은 아니다.

《대승기신론》

그때 아난과 대중이 여래의 미묘한 가르침을 듣고서 몸과 마음이 텅 비어 아무런 걸림이 없었다. 그들은 자기의 마음이 시방에 두루 있다는 것을 알아, 시방의 허공을 손바닥에 있는 나뭇잎을 보는 듯했다. 세간의 온갖 것이 다 깨달음의 오묘하고 밝은 원래의 마음이었고, 마음의 기운이 두루 원만하여 시방을 감싸 안았다.

> 부모가 낳은 육신을 돌이켜보니, 저 허공에 티끌 하나가
> 보였다 안 보였다 하는 듯하고, 맑고 광대한 바다에 물거
> 품 하나가 흔적 없이 일어났다가 꺼지는 듯하다는 것을
> 명확히 알았고, 본래의 묘한 마음은 영원하여 소멸하지
> 않는다는 것을 깨달았다.
>
> 《능엄경》 제3권

파도가 일어났다 부서지고 일어났다 부서지기를 끝없이 반복
하면서 생멸을 거듭하지만, 바다는 생멸하지 않는다. 자신이 파
도이면 생멸하지만 자신이 바다이면 생멸하지 않는다. 한데 파
도는 단 한 번도 바다 아닌 적이 없었다.

4) 화엄

《화엄경華嚴經》은 3가지 번역이 있다. 동진東晋의 불타발타라佛駄
跋陀羅(Ⓢ buddhabhadra, 359-429)가 번역한 60권본, 당唐의 실
차난타實叉難陀(Ⓢ śikṣānanda, 652-710)가 번역한 80권본, 당唐
의 반야般若(Ⓢ prajñā)가 번역한 40권본이다. 40권본은 60권본
과 80권본의 마지막에 있는 〈입법계품入法界品〉에 해당한다. 60
권본의 경우는 7처處 8회會 34품, 80권본은 7처 9회 39품으로

구성되어 있는데, 처處와 회會는 이 경을 설한 장소와 모임을 뜻한다.

《화엄경》은 세존이 비로자나불毘盧遮那佛과 한 몸이 되어 광명을 발하면서 침묵으로 일관하고, 보현보살과 문수보살을 비롯한 수많은 보살들이 장엄한 비로자나불의 세계를 온갖 보살행으로 드러내는 형식으로 전개된다.

비로자나毘盧遮那는 ⑤ vairocana의 음사이고, 변조遍照·광명변조光明遍照라고 번역한다. 비로자나불은 진리 그 자체, 진리를 있는 그대로 드러낸 우주 그 자체를 부처로 본 것이다. 비로자나불은 우주 전체여서, 우주의 모든 현상은 비로자나불의 모습 아닌 것이 없고 우주 그 자체이기 때문에, 직접 중생에게 설법하지 않고 보여주기만 하는 '침묵의 부처'이다. 이 비로자나불의 세계를 구체적으로 드러내는 것이 바로 《화엄경》의 보살행이다.

80권 《화엄경》의 제1회에는 보현보살이 삼매에서 나와 부처의 깨달음의 경지를 설하고, 제2회에는 문수文殊보살이 신信을 설하고, 제3회에는 법혜法慧보살이 10주住를, 제4회에는 공덕림功德林보살이 10행行을, 제5회에는 금강당金剛幢보살이 10회향廻向을, 제6회에는 금강장金剛藏보살이 10지地를 설한다. 7회에는 등각等覺과 묘각妙覺을 주로 보현보살이 설하고, 제8회에는 보현보살이 보살행을 총괄하여 설하고, 제9회의 〈입법계품〉에서는 앞에서 설한 부처의 깨달음의 경지와 보살행과 최상의 경지를 선재동자善財童子가 구체적으로 드러낸다. 이 가운데 10지地를 설한 〈10지품〉과 〈입법계품〉을 가장 중요시하는데, 10지는 보살이 수행 과정에서 거치는 10가지 지혜의 경지이다.

> 그때 시방의 모든 부처님이 각각 오른손을 뻗어 금강장보살金剛藏菩薩의 정수리를 쓰다듬으니, 금강장보살이 삼매에서 나와 보살들에게 말했다.
> "불자들이여, 보살마하살의 지혜의 경지에 10가지가 있으니, 과거·현재·미래의 모든 부처님이 이미 설했고, 지금도 설하고, 앞으로도 설할 것이고, 나도 그렇게 설합니다.
> 무엇이 10가지인가? 하나는 환희지歡喜地, 둘은 이구지離垢地, 셋은 발광지發光地, 넷은 염혜지燄慧地, 다섯은 난승지難勝地, 여섯은 현전지現前地, 일곱은 원행지遠行地, 여덟은 부동지不動地, 아홉은 선혜지善慧地, 열은 법운지法雲地입니다."
>
> 80권《화엄경》제34권〈10지품地品〉

① 환희지歡喜地(기쁨이 넘치고 흔들리지 않는 경지)

불자여, 보살이 처음 이 같은 마음을 내면 곧바로 범부의 지위를 뛰어넘어 보살의 지위에 들어가고, 여래의 집안에 태어나 누구도 그 종족의 허물을 말할 수 없고, 세간을 떠나 출세간에 들어가고, 보살의 경지를 얻어 보살의 자리에 머물고, 과거·현재·미래의 평등에 들어가 여래의 씨앗 속에서 반드시 최상의 깨달음을 이루게 됩니다.

보살이 머무는 이러한 경지를 환희지라고 하는데, 흔들리지 않기 때문입니다.

80권《화엄경》제34권〈10지품〉

② 이구지離垢地(번뇌를 떠나는 경지)

그때 금강장보살이 해탈월보살解脫月菩薩에게 말했다.

"불자여, 보살마하살이 초지를 닦고 나서 제2지에 들어가려면, 10가지 깊은 마음을 일으켜야 합니다.

무엇이 10가지인가? 그것은 정직한 마음, 부드러운 마음, 참는 마음, 온갖 악행을 다스리는 마음, 고요한 마음, 티 없이 선한 마음, 잡되지 않는 마음, 아쉬워하지 않는 마음, 넓은 마음, 큰마음입니다.

보살은 이 10가지 마음으로 제2 이구지에 들어갑니다."

80권《화엄경》제35권〈10지품〉

③ 발광지發光地(지혜의 광명이 나타나는 경지)

불자여, 보살마하살이 제3지에 머물면 모든 존재를 있는 그대로 관찰하는데, 그것은 무상하고, 괴롭고, 깨끗하지 않고, 편안하지 않고, 부서지고, 오래 있지 않고, 찰나에 생겨났다가 사라지고, 과거에 생겨난 것도 아니고, 미래로 가는 것도 아니고, 현재에 머무는 것도 아니라는 겁니다. (…)

이렇게 보고 나서, 모든 존재를 곱절로 싫어하여 떠나 부처님의 지혜로 나아가, 부처님의 지혜가 불가사의하고 비길 데 없고 한량없고 얻기 어렵고 잡되지 않고 번뇌 없고 근심 없음을 보고, 두려움이 없는 성에 이르러 다시 물러나지 않고, 한량없이 고난 받는 중생을 구제합니다. (…)

이 보살은 4섭법攝法 가운데 이행利行이 특히 많고, 10바라밀 가운데 인욕바라밀이 특히 많고, 다른 것도 닦지 않는 것은 아니지만 힘에 따르고 분수에 따를 뿐입니다.

불자여, 이것을 보살의 제3 발광지라고 합니다.

80권《화엄경》제35권 〈10지품〉

④ 염혜지焰慧地(지혜가 불꽃처럼 빛나는 경지)

그때 금강장보살이 해탈월보살에게 말했다.

"불자여, 보살마하살이 제3지를 청정하게 닦고 나서 제4 염혜지에 들어가려면, 10가지 현상을 명료하게 관찰해야 합니다.

무엇이 10가지인가? 그것은 중생계를 관찰하고, 법계를 관찰하고, 세계를 관찰하고, 허공계를 관찰하고, 식계識界를 관찰하고, 욕계를 관찰하고, 색계를 관찰하고, 무색계를 관찰하고, 넓은 마음으로 믿고 아는 세계를 관찰하고, 큰마음으로 믿고 아는 세계를 관찰하는 것입니다. 보살은 10가지 현상을 명료하게 관찰하여 제4 염혜지에 들어갑니다. (…)

이 보살은 4섭법攝法 가운데 동사同事가 특히 많고, 10바라밀 가운데 정진바라밀이 특히 많고, 다른 것도 닦지 않는 것은 아니지만 힘에 따르고 분수에 따를 뿐입니다."

80권《화엄경》제36권 〈10지품〉

⑤ 난승지難勝地(누구도 굴복시키지 못하는 경지)

불자여, 보살마하살이 제5지에 머물러 보리분법菩提分法을 잘 닦기 때문에, 깊은 마음을 깨끗이 하기 때문에, 뛰어난 도를 더욱 구하기 때문에, 진여眞如를 거스르지 않고 따르기 때문에, 서원의 힘으로 유지되기 때문에, 모든 중생에 대한 자비를 버리지 않기 때문에, 복덕과 지혜로 도를 돕는 수행을 쌓기 때문에, 부지런히 닦고 익히기를 쉬지 않기 때문에, 교묘한 방편을 내기 때문에, 밝게 비치는 매우 높은 경지를 관찰하기 때문에, 여래의 보호를 받기 때문에, 지혜의 힘으로 유지되기 때문에 물러나지 않는 마음을 얻습니다.

불자여, 이 보살마하살은 이것이 괴로움이라는 성스러운 진리이고, 이것이 괴로움의 발생이라는 성스러운 진리이고, 이것이 괴로움의 소멸이라는 성스러운 진리이고, 이것이 괴로움의 소멸에 이르는 길이라는 성스러운 진리라는 것을 압니다.

80권《화엄경》제36권〈10지품〉

⑥ 현전지現前地(온갖 현상이 바로 한마음이라고 통찰하는 경지)

불자여, 보살마하살은 또 이렇게 생각합니다.
'3계界는 오직 한마음인데, 여래께서 여기에서 12유지有支(12연기)로 분별하여 설하지만, 다 한마음에 의지하여 이렇게 세운 것이다. 왜 그러한가?

       나의 첫 번째 불교책

대상에 따라 탐욕이 마음과 함께 생기니, 마음은 식識이고 대상은 행行이다. 행에 미혹되는 것이 무명無明이고, 무명과 마음이 함께 생기는 것이 명색名色이고, 명색이 늘어난 것이 6처處이고, 6처와 6외처外處와 6식識이 합쳐져 촉觸이 되고, 촉과 함께 생기는 것이 수受이고, 수에 싫증내지 않는 것이 애愛이고, 애를 거두어들여 버리지 않는 것이 취取이고, 저 여러 갈래가 생기는 것이 유有이고, 유가 일어나는 것을 태어남이라 하고, 태어남이 성숙하여 늙음이 되고, 늙어서 부서져 죽음이 된다.' (…)

3계가 마음에 의지해 있고
12인연도 그러함을 확실히 알고
생사가 다 마음이 지은 것이니
마음이 소멸하면 생사도 없네.

80권《화엄경》제37권 〈10지품〉

⑦ 원행지遠行地(10바라밀을 닦아 미혹한 세계에서 멀리 떠나는 경지)

이 보살은 찰나마다 항상 10바라밀을 다 갖추고 있습니다. 왜냐하면 찰나마다 대비大悲를 으뜸으로 하여 부처님의 가르침을 수행하고 부처님의 지혜로 향하기 때문입니다.

지니고 있는 선근으로 부처님의 지혜를 구하기 위해 중생에게 베푸니 단나바라밀檀那波羅蜜이고, 온갖 뜨거운 번뇌를 다 없애니 시라바라밀尸羅波羅蜜이고, 자비를 으뜸으로 하여 중생에게 해를 끼치지 않으니 찬제바라밀羼提波羅蜜이고, 뛰어난 선법을 구하는 데 싫증내지 않으니 비리야바라밀毘梨耶波羅蜜이고, 모든 것을 꿰뚫어 아는 지혜의 길이 항상 눈앞에 나타나 산란하지 않으니 선나바라밀禪那波羅蜜이고, 모든 존재는 생기지도 소멸하지도 않는다는 것을 확실하게 인정하니 반야바라밀般若波羅蜜이고, 한량없는 지혜를 내니 방편바라밀方便波羅蜜이고, 매우 높고 뛰어난 지혜를 구하니 원바라밀願波羅蜜이고, 어떤 다른 주장이나 어떤 악마의 무리도 가로막거나 부술 수 없으니 역바라밀力波羅蜜이고, 모든 현상을 있는 그대로 밝게 아니 지바라밀智波羅蜜입니다.

80권《화엄경》제37권〈10지품〉

바라밀波羅蜜은 ⓢ pāramitā의 음사이고, '완성'이라는 뜻이다. 단나檀那(ⓢ dāna)는 보시布施, 시라尸羅(ⓢ śīla)는 지계持戒, 찬제羼提(ⓢ kṣāti)는 인욕忍辱, 비리야毘梨耶(ⓢ vīrya)는 정진精進,

선나禪那(Ⓢ dhyāna)는 선정禪定, 반야般若(Ⓢ prajñā)는 지혜智慧이다.

　인용문에서 반야바라밀과 지바라밀의 차이는, 전자는 온갖 분별이 끊어진 무분별無分別의 상태이고, 후자는 무분별의 경지에 이른 후에 언어로 분별하여 가르침을 설하는 지혜이다. 후자를 유식학에서는 무분별에 이른 후에 얻는 지혜라고 해서 무분별후득지無分別後得智라고 한다.

　⑧ 부동지不動地(진리에 머물러 마음을 움직이지 않는 경지)

> 온갖 마음 작용으로 분별하는 생각을 떠나 허공 같아 집착이 없고, 모든 현상의 허공 같은 성품에 들어가니, 이를 무생법인無生法忍이라 합니다.
> 불자여, 보살이 이 인忍을 성취하면 곧바로 제8 부동지에 들어가 깊이 행하는 보살이 되는데, 알기 어렵고, 차별이 없고, 온갖 모습과 생각과 집착을 떠나고, 한량없고 끝없는 모든 성문聲聞과 벽지불辟支佛이 미칠 수 없고, 온갖 시끄러운 다툼을 떠나 적멸이 눈앞에 나타납니다.
>
> 80권《화엄경》제37권〈10지품〉

⑨ 선혜지善慧地(걸림 없는 지혜로 가르침을 설하는 경지)

> 불자여, 보살은 이 선혜지에 머물러 큰 법사가 되어 법사
> 의 행을 갖추고, 여래의 많은 가르침을 잘 지키고, 한량
> 없는 방편의 지혜로 4무애지無礙智를 일으켜 보살의 말로
> 가르침을 설합니다. 이 보살은 항상 4무애지에 따라 나
> 아가고 잠시도 그것을 버리지 않습니다.
> 무엇이 4가지인가? 그것은 가르침에 걸림 없는 지혜[법
> 무애지法無礙智], 뜻에 걸림 없는 지혜[의무애지義無礙智],
> 말에 걸림 없는 지혜[사무애지辭無礙智], 바라는 대로 설
> 하는 걸림 없는 지혜[낙무애지樂說無礙智]입니다.
> 이 보살은 가르침에 걸림 없는 지혜로 모든 가르침의
> 특징을 알고, 뜻에 걸림 없는 지혜로 모든 가르침의 차
> 이를 알고, 말에 걸림 없는 지혜로 착오 없이 설하고, 바
> 라는 대로 설하는 걸림 없는 지혜로 끊어지지 않고 설
> 합니다.
>
> 80권《화엄경》제38권 〈10지품〉

⑩ 법운지法雲地(구름이 비를 내리듯, 부처의 가르침을 널리 중생들
   에게 설하는 경지)

불자여, 이 경지의 보살은 자기의 원력으로 대비大悲의 구름을 일으키고, 큰 가르침의 천둥을 치고, 환히 밝고 두려움 없음을 번갯불로 삼고, 복덕과 지혜를 빽빽한 구름으로 삼고, 갖가지 몸을 나타내어 두루 돌아다니고, 한 찰나에 시방의 백천억 나유타 세계의 티끌 수만큼 많은 국토에 두루 있으면서, 큰 가르침을 설하여 악마와 원수를 굴복시킵니다. 또 이 수를 넘어서는 한량없는 백천억 나유타 세계의 티끌 수만큼 많은 국토에서, 중생들의 마음이 좋아하는 것에 따라 감로의 비를 내려, 중생들의 번뇌의 먼지와 불꽃을 소멸시킵니다. 그래서 이 경지를 법운지라고 합니다. (…)

초지는 서원, 2지는 지계持戒
3지는 공덕, 4지는 전일專一
5지는 미묘, 6지는 심심甚深
7지는 넓고 큰 지혜, 8지는 장엄.

9지에는 미묘한 뜻을 생각하여
모든 세간의 도를 넘어서고
10지에는 모든 부처님의 가르침을 받아 지니니
이러한 수행 바다 끝내 마르지 않네.

80권《화엄경》제38권 〈10지품〉

〈입법계품〉은 선재동자善財童子가 문수보살의 가르침대로 선지식을 찾아가는 여정으로, 처음에 덕운德雲 비구에게 보살행에 대해 묻고, 마지막에 보현보살을 만나 보살의 수행과 서원을 완성하게 된다는 줄거리이다.

그때 문수사리보살이 게송을 읊고 나서 선재동자에게 말했다.

"훌륭하고 훌륭하다. 선남자야, 그대가 이미 아누다라삼막삼보리를 구하려는 마음을 내었고, 보살행을 구하는구나. 선남자야, 어떤 중생이 아누다라삼막삼보리를 구하려는 마음을 내는 것은 어려운 일이고, 마음을 내고 나서 보살행을 구하는 것은 그보다 배는 더 어렵다.

선남자야, 모든 것을 꿰뚫어 아는 지혜를 이루고자 한다면 반드시 참된 선지식을 찾아야 한다. 선남자야, 선지식을 찾는 일에 힘들어하거나 게으르지 말고, 선지식을 뵈면 싫어하거나 만족하지 말고, 선지식이 가르치는 대로 잘 따르고, 선지식의 교묘한 방편에서 허물을 보지 마라.

선남자야, 여기에서 남쪽으로 가면 승낙勝樂이라는 나라가 있고, 그 나라의 묘봉妙峯이라는 산에 덕운德雲이라는 비구가 있다. 그대가 그에게 가서 보살이 어떻게 보살행을 배우고, 보살이 어떻게 보살행을 닦고, 보살이 어떻게

나의 첫 번째 불교책

보현행을 속히 원만하게 얻는지 물어보아라. 덕운 비구
가 그대에게 말해줄 것이다."

80권《화엄경》제62권 〈입법계품〉

그때 보현보살마하살이 여래의 뛰어난 공덕을 찬탄하고
나서 여러 보살과 선재동자에게 말했다.
"선남자야, 여래의 공덕은 시방의 모든 부처님이, 말할
수 없이 많은 불국토의 티끌 수만큼 많은 겁劫을 지내면
서 계속 말씀하시더라도, 끝내 다할 수 없다. 만약 이런
공덕문을 성취하려면 반드시 10가지 넓고 큰 행원을 닦
아야 한다. 무엇이 10가지인가?
하나는 모든 부처님께 경건한 마음으로 절하고, 둘은 부
처님을 찬탄하고, 셋은 널리 공양하고, 넷은 업장業障을
참회하고, 다섯은 남이 지은 공덕을 기뻐하고, 여섯은 부
처님께 설법해 주시기를 청하고, 일곱은 부처님께 이 세
상에 오래 머무시기를 청하고, 여덟은 항상 부처님을 따
라다니며 배우고, 아홉은 항상 중생의 뜻을 거스르지 않
고, 열은 모두 두루 회향하는 것이다."

40권《화엄경》제40권 〈입불사의해탈경계보현행원품
入不思議解脫境界普賢行願品〉

그때에 이르러 선재동자가 보현보살의 온갖 수행과 서
원 바다를 차례로 얻어 보현보살과 같아지고 모든 부처
님과 같아져서, 한 몸이 모든 세계에 충만하여 나라도 같
고, 행도 같고, 바른 깨달음도 같고, 신통도 같고, 법륜도
같고, 뛰어난 말솜씨도 같고, 말도 같고, 음성도 같고, 힘
과 두려움 없음도 같고, 머무는 곳도 같고, 대비大悲도 같
고, 불가사의한 해탈과 자재함도 모두 같았다.

80권《화엄경》제80권 〈입법계품〉

5) 정토

극락정토는 아미타불阿彌陀佛의 청정한 국토로, 괴로움은 없고
지극한 즐거움만 있다고 하여 극락極樂이라 한다. 극락정토의 가
르침에 대한 많은 경전 가운데《무량수경》《관무량수경》《아미
타경》을 '정토3부경淨土三部經'이라 한다.

아미타阿彌陀는 ⑤ amitāyus 또는 ⑤ amitābha의 음사이고,
amitāyus는 무량수無量壽, amitābha는 무량광無量光이라 번역
한다. '수명과 광명이 한량없다'는 뜻이다.

아득한 옛날에 법장法藏 비구가 중생을 구제하기 위해 자신의
정토를 건립하기로 발심했다. 그러고는 48가지 서원을 세우고 오

나의 첫 번째 불교책

랜 수행 끝에 그 서원을 모두 성취하여 아미타불이 되었다고 한다. 48가지 서원 가운데 제18원은 '모든 중생이 지극한 마음으로 염불하면 반드시 정토에 태어나도록 하겠다'이고, 제19원은 '모든 중생이 깨달으려는 마음을 내어 온갖 공덕을 쌓고 지극한 마음으로 정토에 태어나려고 하면 임종 때 그 앞에 나타나겠다'이다.

사리불아, 선남자 선여인이 아미타불에 대한 말을 듣고 그 이름을 마음에 깊이 새겨, 하루나 이틀, 혹은 사흘 나흘 닷새 엿새 이레 동안 흐트러지지 않고 한결같은 마음으로 생각하면, 그 사람의 수명이 다할 때 아미타불이 제자들과 함께 그 앞에 나타나신다. 그 사람은 그때에도 마음이 흔들리지 않고 바로 아미타불의 극락국토에 태어나게 된다. (…)
사리불아, 어떤 사람들이 아미타불의 국토에 태어나기를 이미 발원했거나 지금 발원하거나 장차 발원한다면, 그 사람들은 모두 최상의 바른 깨달음을 이루려는 수행에서 물러나지 않아, 저 국토에 이미 태어났거나 지금 태어나거나 장차 태어날 것이다.

《아미타경》

극락정토에 태어나려는 자들은 수행의 깊고 얕음에 따라 상배上輩·중배中輩·하배下輩로 나뉜다.

부처님이 아난에게 말씀하셨다.

"시방세계의 여러 중생 가운데 지극한 마음으로 저 국토에 태어나려는 자들에 세 무리가 있다.

상배上輩는, 집과 욕심을 버리고 사문이 되어 깨달으려는 마음을 일으켜 한결같이 무량수불을 생각하고, 온갖 공덕을 쌓아 저 국토에 태어나려는 자들이다. 이런 중생은 수명이 다할 때 무량수불이 대중과 함께 그의 앞에 나타나신다. 그는 곧바로 그 부처님을 따라 저 국토에 가서 7보寶로 된 연꽃 속에 저절로 태어난다. (…)

중배中輩는, 시방세계의 여러 중생 가운데 지극한 마음으로 저 국토에 태어나기를 원하지만, 비록 사문이 되어 큰 공덕을 쌓지는 못해도 최상의 깨달음에 이르려는 마음을 내어 한결같이 무량수불을 생각하고, 약간이라도 착한 일을 행하고, 계율을 받들어 지키고, 탑을 세우고, 불상을 조성하고, 사문에게 공양하고, 향을 사르고는 이 공덕을 회향하여 저 국토에 태어나려는 자들이다. (…)

하배下輩는, 시방세계의 여러 중생 가운데 지극한 마음으로 저 국토에 태어나려고 하는데, 갖가지 공덕을 짓지는 못하지만 최상의 깨달음에 이르려는 마음을 내고, 한결같이 생각을 가다듬어 열 번만이라도 무량수불을 생각하여 저 국토에 태어나려는 자들이다. 또 깊은 가르침을 듣고 환희하면서 믿어 의혹을 일으키지 않고, 한 번만이라도 무량수불을 생각하여 지극히 정성스런 마음으로 저 국토에 태어나려는 자들이다.

이런 사람들은 임종할 때 꿈에 그 부처님을 뵙고 왕생한다. 이들의 공덕과 지혜는 중배에 다음간다."

《무량수경》 하

마가다국의 왕비 위제희韋提希가 세존에게 극락에 태어나는 방법을 가르쳐 달라고 했다. 그러자 세존은 3가지 복과 13관觀과 9품왕생品往生을 설했다.

그때 세존께서 위제희에게 말씀하셨다.

"저 국토에 태어나려는 이는 3가지 복을 닦아야 한다. 하나는 부모에게 효도하고, 스승과 어른을 받들어 모시고, 자비로운 마음으로 살아 있는 목숨을 죽이지 않고, 10선업善業을 닦는 것이다. 둘은 3보寶에 귀의하고, 여러 가지 계율을 지키고, 규율에 맞는 몸가짐을 지니는 것이다. 셋은 깨달으려는 마음을 내어 인과因果를 깊이 믿고, 대승경전을 독송하고, 수행자에게 정진하기를 권하는 것이다. 이 3가지를 청정한 업이라 한다."

《관무량수경》

13관은 극락정토에 태어나기 위해 무량수불과 그 정토의 13가지 정경을 떠올리는 수행이다.

지는 해를 보고 서쪽에 있는 극락을 생각하는 일상관日想觀, 무량수불이 앉아 있는 연꽃 자리를 생각하는 화좌상관華座想觀, 불상을 보고 무량수불의 모습을 생각하는 상상관像想觀, 무량수불을 보좌하는 관세음보살을 생각하는 관세음상관觀世音想觀, 무량수불을 보좌하는 대세지보살을 생각하는 대세지상관大勢至想觀, 자신이 극락에 태어나 연꽃 속에 앉아 있고, 부처와 보살이 허공에 두루 가득하다고 생각하는 보상관普想觀 등이다.

9품왕생은 극락에 태어나는 자들의 수준에 따라 9가지로 나눈 것이다. 즉 상품상생上品上生·상품중생上品中生·상품하생上品下生·중품상생中品上生·중품중생中品中生·중품하생中品下生·하품상생下品上生·하품중생下品中生·하품하생下品下生이다.

————

그때 아난이 자리에서 일어나 부처님께 여쭈었다.

"세존이시여, 이 경의 이름을 무엇이라 해야 하고, 이 가르침의 요점을 어떻게 지녀야 합니까?"

부처님이 아난에게 말씀하셨다.

"이 경의 이름은 극락국토의 무량수불과 관세음보살과 대세지보살을 관찰하는 경이라 하고, 또 업장을 깨끗이 없애고 부처님 앞에 태어나는 경이라 하라. 너는 이것을 잘 지녀 잊지 않도록 해라. 이 삼매를 닦는 사람은 현재의 몸으로 무량수불과 두 보살을 뵐 수 있다.

선남자 선여인이 부처님의 이름과 두 보살의 이름만 들어도 한량없는 겁 동안 생사를 헤매야 할 죄가 없어지는데, 하물며 기억하는 데 있어서랴. 부처님을 생각하는 사람은 바로 사람들 가운데 흰 연꽃임을 알아야 한다. 관세음보살과 대세지보살은 그의 좋은 친구가 되고, 수행하는 자리에 앉아 극락에 태어날 것이다.

너는 이 말을 잘 지녀라. 이 말을 지니는 것은 곧 무량수불의 이름을 지니는 것이다."

《관무량수경》

6) 법화

《법화경》은 기원 전후에 진보적이면서도 믿음이 두터운 대승의 불교도들에 의해 성립되기 시작하여 여러 차례에 걸쳐 증보되었는데, 예로부터 '대승경전의 꽃' 또는 '모든 경전 중의 왕'이라 한다.

《법화경》은 전반부(14품까지)와 후반부(15품 이하)로 나눌 수 있는데, 전반부에서는 회삼귀일會三歸一을, 후반부에서는 세존의 수명이 무량함을 밝히고 있다.

회삼귀일이란 3승乘은 결국 1승乘으로 돌아간다는 가르침으로, 세존이 이 세상에 출현하여 성문聲聞과 연각緣覺과 보살菩薩의 3승乘에 대한 여러 가지 가르침을 설했지만, 그것은 결국 1승으로 이끌기 위한 방편에 지나지 않는다는 것이다.

이 경은 교리를 설하지 않는데, 그 이유는 불교를 마무리 짓기 위해 이《법화경》을 설했기 때문이다. 즉 여러 경에서 교리에 대해서는 충분히 설했기 때문에 다시 거론할 필요가 없다는 것이다. 단지 사람들이 성문·연각·보살에 대한 가르침이 따로 있는 듯이 분별하므로, 그것만 문제 삼아 3승은 1승으로 끌어들이기 위한 방편이라 설했다.

부처님이 사리불에게 말씀하셨다.

"모든 부처님은 보살을 교화할 뿐이다. 그 모든 일은 항상 부처님의 지혜를 중생들에게 보여주어 깨닫게 하기 위한 것이다.

사리불아, 부처님은 단지 1불승佛乘으로 중생을 위해 설할 뿐, 다른 2승乘이나 3승乘은 설하지 않는다. 시방의 모든 부처님의 가르침도 이와 같다.

사리불아, 과거의 모든 부처님도 중생을 위해 무수한 방편과 갖가지 인연과 비유와 말로 설법하셨는데, 이 모든 가르침은 1불승을 위한 것이었다. 그래서 부처님의 가르침을 들은 중생은 모두 부처님의 지혜를 얻었다.

사리불아, 미래의 모든 부처님도 중생을 위해 무수한 방편과 갖가지 인연과 비유와 말로 설법하실 것이고, 그 모든 가르침은 1불승을 위한 것이다. 그래서 부처님의 가르침을 들은 중생은 모두 부처님의 지혜를 얻을 것이다.

사리불아, 현재 시방의 헤아릴 수 없이 많은 불국토에 계시는 부처님은 중생을 이롭게 하고 안락하게 하신다. 이 부처님도 중생을 위해 무수한 방편과 갖가지 인연과 비유와 말로 설법하고 계시지만, 그 모든 가르침은 1불승을 위한 것이다. 그래서 부처님의 가르침을 듣는 중생은 모두 부처님의 지혜를 얻는다."

《법화경》〈방편품〉

후반부에서 세존의 수명이 무량하다는 것은 무슨 뜻인가?

이와 같이 내가 성불한 지는 아득하게 오래되었고, 수명은 한량없는 아승기겁阿僧祇劫이어서 영원히 멸하지 않는다. 선남자들아, 내가 옛적에 보살도를 행하여 이룬 수명은 지금도 다하지 않았고, 위에서 말한 수의 두 배가 된다. 그래서 실은 멸도滅度하는 일 없으나, '장차 멸도하리라' 고 하면서 여래는 방편으로 중생들을 교화한다. (…) 그때 세존께서 이 뜻을 거듭 밝히고자 게송으로 말씀하셨다.

내가 성불한 이래 지난 겁수劫數
한량없는 수천만 억 아승기이고
항상 설법하고 교화하여 한량없는 중생들을
불도佛道에 들게 한 지도 한량없는 겁이다.

중생을 제도하기 위해
방편으로 열반을 나타낼 뿐
실은 늘 여기에 머물면서 설법한다.
갖가지 신통력으로 내가 늘 여기 머물고 있으나
미혹한 중생들은 가까이에서도 보지 못한다.

《법화경》〈여래수량품〉

세존이 입멸한 후, 대승이 일어날 무렵부터 세존을 이상화하는 사유가 일어나 법신法身·보신報身·응신應身의 3신身이 등장하게 된다.

법신은 진리 그 자체, 진리를 있는 그대로 드러낸 우주의 모든 현상을 부처로 사유한 것으로, 비로자나불毘盧遮那佛과 대일여래大日如來가 여기에 해당한다. 보신은 중생을 위해 서원을 세우고 거듭 수행하여 깨달음을 성취한 부처로, 아미타불阿彌陀佛과 약사여래藥師如來가 여기에 해당한다. 응신은 중생과 같은 몸으로 이 세상에 출현해서 그들의 능력이나 소질에 따라 설법하여 구제하는 부처이다. 석가모니불과, 미래에 도솔천에서 이 세상에 내려와 화림원華林園의 용화수龍華樹 아래서 성불한다는 미륵불彌勒佛이 여기에 해당한다.

《법화경》은 세존을 법신과 동일시함으로써 영원한 존재로 상정하여 신앙의 대상으로 설정했다. 그래서 시대에 따라 여러 부처가 있고, 또 부처의 수명이 한량없어 언제나 이 세계에 머물면서 중생을 교화한다는 이상이 담겨 있는데, 이것이 법화 신앙의 근거가 되었다.

7) 천태

천태학은 수隋의 지의智顗(538-597)가 《법화경》을 이론과 수행의 부분으로 나누어, 전자를 《법화현의法華玄義》와 《법화문구法華文句》에서, 후자를 《마하지관摩訶止觀》에서 체계적으로 정립한 불교학이다. 이 세 저술을 '천태3대부天台三大部'라고 하는데, 지의의 강설을 그의 제자 관정灌頂(561-632)이 기록한 것이다.

지의는 《법화현의》에서 《법화경》의 요점을 '제법실상諸法實相', 즉 '모든 존재의 참모습'이라 했다.

> 그만두어라, 사리불아. 더 이상 설하지 않겠다. 왜냐하면 부처님이 성취한 것은 가장 귀하고 이해하기 어려운 법이어서, 오직 부처님만이 모든 존재의 참모습[諸法實相]을 알 수 있기 때문이다. 모든 존재는 여시상如是相·여시성如是性·여시체如是體·여시력如是力·여시작如是作·여시인如是因·여시연如是緣·여시과如是果·여시보如是報·여시본말구경등如是本末究竟等이다.
>
> 《법화경》〈방편품〉

위의 10여시如是는 모든 존재의 참모습에 갖추어져 있는 10

가지 성질을 말한다. 상相은 형상, 성性은 특성, 체體는 본질, 역力은 잠재해 있는 힘, 작作은 작용, 인因은 원인, 연緣은 조건, 과果는 결과, 보報는 과보, 본말구경등本末究竟等은 상相에서 보報까지 모두 평등하다는 뜻이다.

이 10여시를 지의는 공제空諦·가제假諦·중제中諦의 3제諦로 파악했다.

즉공卽空·즉가卽假·즉중卽中은 셋이면서 하나이고 하나이면서 셋이니, 서로 방해하지 않는다. 셋을 모두 '공'이라 함은 언어와 생각의 길이 끊어졌기 때문이고, 셋을 모두 '가'라고 함은 이름으로만 있기 때문이고, 셋을 모두 '중'이라 함은 바로 참모습이기 때문이다.

《마하지관》제1권 하

즉공·즉가·즉중은 서로 걸림 없이 원만하게 하나로 융합되어 있어서, 각각 별개의 진리가 아니라 공空은 동시에 가假·중中이고, 가假는 동시에 공空·중中이고, 중中은 동시에 공空·가假라는 뜻이다. 이를 지의는 '3제원융三諦圓融'이라 했다.

1심心에 10계界가 갖추어져 있고, 1계가 또 10계를 갖추고 있어서 100계界가 된다. 1계는 30종 세간을 갖추고 있어서 100계는 곧 3천 종 세간을 갖추게 된다. 이 3천은 한순간의 마음에 있다.

《마하지관》제5권 상

10계界는 지옥·아귀·축생·아수라·인간·천상의 세계, 성문·연각·보살의 세계, 불佛의 세계이다. 30종 세간은 중생세간·국토세간·5온세간의 3세간이 각각 10여시如是를 갖추고 있다는 것이다. 10계 각각에 10계가 갖추어져 있어 100계가 되고, 1계는 30종 세간을 갖추고 있으므로 100계는 3천 종 세간이 된다. 이 우주의 역동적인 3천 세계가 한순간의 마음에 있다는 것이 지의의 '1념3천설一念三千說'이다.

지의는 《석선바라밀차제법문釋禪波羅密次第法門》에서 먼저 계율을 지키고, 그다음 선정禪定을 닦아 점차 있는 그대로의 참모습을 깨달아가는 점차지관漸次止觀을 설하고, 《육묘법문六妙法門》에서 일정한 순서 없이 수행자의 소질이나 능력에 따라 수행하는 부정지관不定止觀을 설하고, 《마하지관》에서 처음부터 곧바로, 있는 그대로의 참모습을 깨닫는 원돈지관圓頓止觀을 설하고 있는

———

데, '지관'은 마음이 하나의 대상에 집중되어 고요하게 가라앉은 상태[止]에서, 매 순간 움직이거나 일어났다 사라지는 대상의 변화를 지속적으로 통찰[觀]하는 수행을 말한다.

> 원돈圓頓이란 처음부터 있는 그대로의 참모습[실상實相]을 대상으로 하는 지관으로, 이 경지에 들면 그대로 중도이고 진실하지 않는 게 없다. (…)
> 있는 그대로의 순수한 모습 외에 어떠한 것도 없다. 있는 그대로 고요한 것을 지止라 하고, 고요한 그대로 항상 비추는 것을 관觀이라 한다. 처음과 뒤를 말하지만 둘도 없고 차별도 없다. 그래서 원돈지관圓頓止觀이라 한다.
> 《마하지관》제1권 상

지의는 이 '지관' 수행으로 3제원융三諦圓融과 1념3천설一念三千說을 체득할 수 있다고 했다. 또 그는 바른 지혜를 얻기 위해 마음을 한곳에 집중하는 수행을 동작에 따라 4가지로 나눈 4종 삼매를 제시했다. 그것은 90일을 기한으로 하여 항상 하나의 부처를 향하여 단정히 앉아서 마음을 가라앉히고 모든 현상의 본성을 통찰하는 상좌삼매常坐三昧, 90일을 기한으로 하여 항상 오로지 아미타불을 생각하거나 부르는 상행삼매常行三昧, 7일 또는

21일을 기한으로 하여 불상의 주위를 돌거나 좌선하면서 그 사이에 예불·참회·독경 등을 하는 반행반좌삼매半行半坐三昧, 일정한 기한이나 어떠한 동작에도 구애되지 않고 자신의 뜻대로 닦는 비행비좌삼매非行非坐三昧이다.

천태학은 지의智顗 이후, 지위智威(?-680)·혜위慧威(?-?)·현랑玄朗(673-754)으로 계승되었고, 담연湛然(711-782)에 의해 중흥되었다. 그러나 당唐 무종武宗의 폐불사건廢佛事件(842-845)과 오대五代의 전쟁으로 천태 계통의 서적이 소실되어 천태종의 세력이 약화되었고, 송대宋代에 이르러 절강성 사명산四明山 지례知禮(960-1028) 계통의 산가파山家派와 절강성 전당錢塘의 경소慶昭(963-1017)·지원智圓(976-1022) 계통의 산외파山外派로 분열되었는데, 산외파는 곧 쇠퇴하고 산가파가 천태종의 명맥을 유지하다가 원대元代에 쇠퇴했다.

8) 밀교

밀교密敎는 '대일여래大日如來의 비밀스러운 가르침'이라는 뜻으로, 기존의 불교를 계승하고 힌두교와 민간 신앙까지 폭넓게 수용하여 7세기경에 체계를 갖춘 대승불교의 한 갈래이다.

밀교에서는 진리를 있는 그대로 드러낸 우주 그 자체를 의인

화하여 대일여래라 하고, 모든 부처와 보살은 대일여래의 화신이며, 우주 그 자체가 바로 그 여래의 법문이라 한다. 이 법문은 금강과 같이 견고하다고 하여 금강승金剛乘이라 한다. 대일여래는 ⑤ mahāvairocana-tathāgata의 번역이다. mahā는 대大, vairocana는 일日, tathāgata는 여래如來이다.

밀교의 근본 경전은 7세기 중엽에 성립한 《대일경大日經》과 7세기 말에 성립한 《금강정경金剛頂經》이다. 《대일경》의 본이름은 《대비로자나성불신변가지경大毘盧遮那成佛神變加持經》이고, 《금강정경》의 본이름은 《금강정일체여래진실섭대승현증대교왕경金剛頂一切如來眞實攝大乘現證大敎王經)》이다. 이 두 경이 성립되기 이전의 비조직적이고 단편적인 밀교를 잡밀雜密이라 하고, 그 두 경에 의거한 체계적인 밀교를 순밀純密이라 한다.

《대일경》에서는 대일여래의 지혜는 보리심菩提心을 원인으로 하고 대비大悲를 근본으로 하며 방편方便을 궁극으로 한다고 설하고, 만다라曼茶羅·3밀密·아자관阿字觀·호마護摩 등에 대해 설한다. 《금강정경》에서는 만다라·염송법念誦法·관정법灌頂法·공양법供養法 등에 대해 설한다.

"세존이시여, 일체지지一切智智는 무엇을 원인으로 하고, 무엇을 근본으로 하며, 무엇을 궁극으로 합니까?"
부처님이 집금강비밀주執金剛秘密主에게 말씀하셨다.
"보리심菩提心을 원인으로 하고, 대비大悲를 근본으로 하며, 방편方便을 궁극으로 한다.
비밀주야, 보리菩提란 무엇인가? 자신의 마음을 있는 그대로 아는 것이다.
비밀주야, 아누다라삼막삼보리阿耨多羅三藐三菩提와 그 법은 조금도 인식할 수 없다. 왜냐하면 허공의 모습이 보리菩提여서, 알고 이해하는 자도 없고 열어 보일 것도 없나니, 보리는 모습이 없기 때문이다.
비밀주야, 모든 법은 모습이 없으므로 허공의 모습이라 한다."

《대일경》제1권 〈입진언문주심품入真言門住心品〉

일체지지一切智智란, 부처의 지혜는 모든 것을 다 아는 일체지一切智 중에서도 가장 뛰어난 지혜라는 뜻이다. 보리심과 대비와 방편은 《대일경》의 핵심이 되는 법문이고, '자신의 마음을 있는 그대로 아는 것[여실지자심如實知自心]'은 《대일경》과 《금강정경》을 통틀어 요점이 되는 구절이다.

———————

만다라曼荼羅는 ⑤ maṇḍala의 음사이다. maṇḍa는 본질·정수를 뜻하고, la는 소유를 나타내는 접미사이다. 만다라는 우주의 진리, 깨달음의 경지, 부처나 보살의 서원·가르침·세계를 상징적으로 묘사한 그림이다. 즉 《대일경》과 《금강정경》이 언어로 표현한 경전이고, 그 경전의 세계를 묘사한 그림이 만다라이다.

이 만다라의 세계를 체득하기 위한 수행이 3밀密이다. 3밀은 신밀身密·구밀口密·의밀意密로, 대일여래의 몸과 말과 뜻은 불가사의하기 때문에 밀密이라 한다.

대일여래는 법신불法身佛이다. 법신불이란 진리 그 자체, 또는 진리를 있는 그대로 드러낸 우주 그 자체를 지칭한다. 자연·우주 그 자체가 대일여래의 법문이다. 그러나 중생은 그 법문을 이해할 수 없다. 다만 수행으로 대일여래와 합일하는 것뿐이다. 이 길이 3밀의 수행이다.

이 수행은, 신체로는 인계印契를 맺고 입으로는 진언眞言을 외우며 뜻으로는 대일여래를 깊이 사유함으로써, 여래의 몸과 말과 뜻과 수행자의 몸과 말과 뜻이 체험 속에서 하나가 되려는 것이다. 이런 수행으로 대일여래와 합일할 때, 바로 성불하게 된다고 한다.

인계印契(⑤ mudrā)는 부처나 보살의 깨달음 또는 서원을 나타낸 여러 가지 손 모양을 말하고, 진언眞言(⑤ mantra)은 부처나 보살 등의 서원이나 덕, 또는 가르침이나 지혜를 나타내는 신비로운 주문으로, 산스크리트를 번역하지 않고 음사하여 읽는다. 보통 비교적 짧은 주문을 진언이라 하고, 긴 주문을 다라니陀羅尼(Ⓢ dhāraṇī)라고 한다.

아자관阿字觀이란 《대일경》에서 설하는 수행법으로, '아阿' 자字를 우주의 근원으로 보고, 이것을 응시하여 우주의 근원을 체득하려는 것이다.

밀교에서는 의궤儀軌(Ⓢ kalpa), 즉 의식을 행할 때의 규칙을 중요시하는데, 마음으로 대일여래를 사유하면서 불경을 읊는 염송법念誦法, 정수리에 물을 붓는 관정법灌頂法, 그리고 공양법供養法·호마법護摩法 등이 있다. 호마護摩는 Ⓢ homa의 음사로, 분소焚燒·화제火祭라는 뜻이다. 제단에 마련한 화로에 불을 피우고 진언을 외우면서 그 불 속에 물건을 던져 공양하고 소원을 비는 의식이다. 후기 밀교에 이르면 이 의궤가 중심이 된다.

4장

선

달마達磨와 혜가慧可

승찬僧璨 그리고 도신道信과 홍인弘忍

신수神秀와 혜능慧能

마조계馬祖系와 석두계石頭系

간화선看話禪과 묵조선默照禪

선禪은 ⓢ dhyāna ⓟ jhāna의 음사이고, 정定이라 번역한다. '마음을 고요히 가라앉히고 한곳에 집중한다'는 뜻이다. 그러나 선종禪宗에서의 선禪은 분별심을 끊고 자신이 본래 갖추고 있는 부처의 성품을 몸소 체득하려는 수행이다. 즉 문자에 의존하지 않고 좌선하여 자신이 본래 갖추고 있는 청정한 성품을 꿰뚫어 보려는 수행이다.

옛날 세존이 영산회상靈山會上에서 꽃을 들어 대중에게 보이니, 모두 잠잠히 말이 없었으나 가섭 존자만이 빙긋 미소 지었다.

세존이 말했다.
"나에게 정법을 간직한 눈
열반에 든 묘한 마음
형상을 떠난 진실한 모습
미묘한 법문이 있다.
문자에 있지 않아서
교설 밖에 별도로
마하가섭에게 그것을 전한다."

《무문관無門關》〈세존염화世尊拈花〉

석가세존과 가섭이 한 송이 꽃이 되었다. 그래서 이 등燈의 불
이 저 등으로 옮겨지듯, 스승의 직접 체험 그 자체가 그대로 제
자에게 이어졌다. 문자를 떠난 이심전심以心傳心이다.

달마와 혜가

달마達磨는 6세기 초에 중국에 와서 선종 1조가 되었다. 그는 인도에서 바닷길로 광동성 광주廣州에 이르고, 남경南京에 가서 양梁의 무제武帝(502-549)를 만나 문답한 후, 양자강을 건너 북위北魏의 숭산崇山 소림사少林寺에 가서 9년 동안 면벽面壁했다고 한다.

> 달마는 벽관壁觀으로 사람들에게 안심安心을 가르쳤다.
> 밖으로 온갖 인연을 쉬고 안으로 헐떡임이 없어서 마음
> 이 장벽 같아야 비로소 도道에 들 수 있다.
> 《선원제전집도서禪源諸詮集都序》상2

안심安心은 온갖 인연과 망상을 쉬고 몸과 마음을 탈락시켜 본래의 청정한 본성으로 돌아간 상태다. 온갖 분별을 다 털어버리고 몸-마음에 대한 집착이 떨어져 나가, 사는 것도 죽는 것도 잊은 채 그저 편한 것, 2분으로 분별하는 마음의 잣대가 용해되어 무경계無境界의 자리로 돌아가, 좋은 것도 싫은 것도 없고, 집착하지도 저항하지도 않아 그저 편한 것, 이게 안심이다.

달마가 면벽하고 있었다.

2조祖가 눈 위에 서서 팔을 자르고 말했다.

"제 마음이 편하지 않습니다. 부디 편하게 해주십시오."

"마음을 가지고 오너라. 편하게 해주마."

"마음을 찾아보았으나 끝내 찾을 수가 없습니다."

"이미 너의 마음을 편하게 했느니라."

《무문관》〈달마안심達磨安心〉

2조 혜가慧可(487-593)는 마음이 너무나 불안하고 괴로워서 거기에 환멸을 느껴 질려버렸다. 그러니 분별하는 마음이 떨어져 나갔다. 온갖 경계가 모조리 사라지고 홀연히 일여—如가 되니, 생사生死가 없어졌다. 안심安心이다. 달마는 혜가에게 안심을 전했다.

2

승찬 그리고 도신과 홍인

승찬 선사는 혜가 선사의 후계자다. 그는 사공산思空山에
은거해서 그지없이 좌선에만 전념할 뿐, 글도 쓰지 않고
불법도 설하지 않았다. 다만 도신이라는 수행자만이 승
찬 선사를 사사하기 12년 만에, 한 그릇의 물을 다른 그
릇에 옮겨 붓듯이, 한 등燈의 불을 다른 등으로 옮겨 붙
이듯이 법을 남김없이 전해 받았다.

《능가사자기楞伽師資記》

수隋 개황開皇 12년 임자년壬子年(592)에, 겨우 14세에 불
과한 도신이라는 사미沙彌가 찾아와서 (승찬) 대사에게
절하고 말했다.
"화상께서 자비를 베풀어 해탈의 법문을 일러주십시오."
대사가 말했다.
"누가 너를 속박했느냐?"
"아무도 속박하지 않았습니다."
"그렇다면 어찌하여 해탈을 구하는가?"
도신이 이 말끝에 크게 깨달아 9년을 정성껏 모셨다.

《경덕전등록景德傳燈錄》 제3권 〈승찬 대사〉

선종의 3조는 승찬僧璨(?-606)이다. 《신심명信心銘》은 승찬이 간명하게 설한 중도中道의 법문이다. 다음의 구절은 《신심명》의 요점이다.

도道에 이르는 데는 어려움 없나니
다만 분별을 꺼릴 뿐
미워하거나 사랑하지만[증애憎愛] 않으면
확 트여 명백하리라.

(이 뜻에) 털끝만큼이라도 어긋나면
하늘과 땅만큼 벌어지니
도道가 눈앞에 나타나길 바라거든
따르거나 거스르지[순역順逆] 마라.

어긋남과 따름[위순違順]이 서로 다투는 건
마음의 병이니
(중도의) 깊고 묘한 뜻을 알지 못하고
부질없이 생각만 고요히 하려는구나.

(도道는) 원만함이 허공과 같아서
모자람도 없고 남음도 없거늘

가지거나 버림[취사取捨]으로 말미암아
분별하도다.

유有의 인연도 따라가지 말고
공空의 진리에도 머물지 말지니
하나(중도)를 바르게 지니면
(두 변이) 저절로 없어지리라.

미혹하면 고요함과 어지러움이 생기고
깨달으면 좋음과 미움이 없나니
모든 두 변은
생각하고 가늠하는 데서 생긴다.

꿈속의 허깨비와 허공의 꽃을
어찌 애써 잡으려 하는가.
얻음과 잃음, 옳음과 그름을
일시에 놓아버려라.

잠에서 깨어나면
온갖 꿈 저절로 사라지고
마음이 차별하지 않으면
만법은 하나이니라.

'좋다/싫다', '아름답다/추하다', '깨끗하다/더럽다' 등을 바탕으로 한 2분의 분별 때문에 불안과 괴로움에 시달린다. 마음이 그 대립하는 분별의 어느 한쪽에 애착하거나 증오하기를 되풀이하여 불안정하기 때문이다. 그러나 그 분별은 실재하는 게 아니라 자신의 생각이나 감정이 가른 허구의 경계이다. 그 2분의 분별이 소멸된 무분별의 상태가 중도이고 도道이고 해탈이다.

승찬은 4조 도신道信(580-651)에게 그의 법을 전했고, 도신은 5조 홍인弘忍(601-674)에게 그의 법을 전했다. 도신과 홍인의 선법을 동산법문東山法門이라 한다. 동산은 도신이 머물렀던 호북성 쌍봉산雙峰山의 동쪽에 있는 빙무산馮茂山을 말한다. 도신이 입적한 후, 홍인은 이곳에서 그의 선법을 선양했다.

> 홍인은 도신의 후계자이다. 홍인이 전한 미묘한 법을 그때 사람들이 동산의 청정한 법문이라 했다. 또 장안과 낙양의 사람들이 "동산에는 도를 이룬 사람들이 많다"고 찬탄했기 때문에 동산법문이라 했다.
>
> 《능가사자기》

도신의 선법은 좌선하여 만물의 근원인 '하나'에 마음을 집중하는 일행삼매一行三昧와 한 물건을 응시하면서 마음을 가다듬어 움직이지 않는 수일불이守一不移로 요약할 수 있고, 홍인의 선법은 자신의 청정한 성품을 꿰뚫어 보고 그것을 굳게 지키는 수심守心에 있다.

도신은 수일불이守一不移를 다음과 같이 구체적으로 설했다.

> 수일불이란 훤하고 깨끗한 눈으로 한 물건을 응시하면서 밤낮으로 마음을 가다듬어 항상 움직이지 않는 것이다. 그 마음이 흩어지려 할 때는 곧바로 가다듬기를, 마치 끈으로 새의 발을 묶어놓고 새가 날아가려 하면 끈을 당기듯이 해서 온종일 지켜보기를 그치지 않는다면, 모든 것이 사라져 저절로 마음이 안정될 것이다.
>
> 《능가사자기》

이러한 내용은 달마가 설한 안심安心의 가르침과 다르지 않다. 달마의 면벽面壁을 수일불이로 표현한 것이라고 할 수 있다.

> 가르침의 바다는 한량없지만, 그것을 행하는 것은 한마디 말에 있다. 뜻을 얻었으면 말을 잊어야 하니, 한마디 말도 또한 필요 없다. 이와 같이 분명하게 체득한다면, 부처의 마음을 얻었다고 할 수 있다.
>
> 《능가사자기》

'한마디 말'이란 수일불이를 가리키고, '한마디 말도 필요 없다'는 것은 수일불이도 결국 안심을 위한 방편이라는 뜻이다. 왜냐하면 안심이란 2분으로 분별하는 마음이 소멸된 상태인데, 말이 곧 분별이기 때문이다. 따라서 말은 다 방편일 수밖에 없다.

직접 체득한 내면의 깨달음은 분별이 끊어진 경지이기 때문에, 2분법의 언어(이것은 언어의 결함이 아니라 언어의 본질이다)로서는 그것을 결코 표현할 수 없다. 그 경지는 언어의 길이 끊어진 곳이어서 인식할 수도 없고 생각할 수도 없다. 분별로는 무분별에 이르지 못하고, 이원성二元性으로는 비이원성非二元性에 이르지 못한다. 그래서 세존은 가섭에게 문자에 의존하지 않고 마음에서 마음으로 전했고, 달마는 2분의 분별이 소멸된 안심을 가르쳤고, 승찬은 무분별의 중도를 설했다.

달마가 동쪽에서 와서 마음만 전하고 문자를 세우지 않은 것은 당연한 일이다. 그러나 《혈맥론血脈論》과 《귀공론歸空論》 등은 과연 누구를 위해 지은 것이겠는가. 옛사람이 이르기를 "문자에 있지 않으나 문자를 떠나지 않는다"라고 했으니, 이는 참으로 말을 아는 사람이다.

《벽암록》〈서序〉

나의 첫 번째 불교책

홍인弘忍이 동산東山에서 설법할 때, 무려 1천여 명의 대중이 운집했다고 한다.

> 10여 년 동안 그의 가르침을 받은 사람이 전국의 8-9할
> 에 이를 정도였다. 중국의 선사들이 가르침을 편 이래로
> 이렇게 번창한 적은 없었다. 그는 사람을 가르칠 때 방법
> 을 미리 생각하지 않고 상대의 움직임을 적절히 관찰해
> 서, 소리에 따라 메아리가 울리듯 질문에 딱 맞게 응했
> 고, 침묵 속에서 조용히 교화했다.
>
> 《전법보기傳法寶紀》〈석홍인釋弘忍〉

그의 저술인 《최상승론最上乘論》의 요점은 자신이 본래부터 갖추고 있는 청정한 성품을 확인하여 잘 간직하고 지키는 수심守心이다.

> 수심은 열반의 근본이고, 도에 들어가는 요긴한 문이다.
> 모든 경의 본질이고, 모든 부처의 본바탕이다.
>
> 《최상승론》

> 본심本心이 바로 부처임을 너희들이 스스로 알게 되기를
> 바란다. 수많은 경론의 가르침은 본래의 청정한 마음을
> 지키는 데 지나지 않는다. 이것이 요점이다.
>
> 《최상승론》

홍인은 혜능慧能에게 자신의 의발衣鉢을 전했다.

나의 첫 번째 불교책

신수와 혜능

신수神秀(?-706)는 하남성 출신으로, 625년에 낙양洛陽 천궁사
天宮寺에 출가하여 구족계를 받고, 50세에 호북성 빙무산憑茂山
에 머물던 홍인弘忍(601-674)을 찾아가 그를 사사師事하여 수제
자가 되었다. 호북성 당양當陽 옥천산玉泉山과 당양산當陽山에 머
물고, 낙양 천공사天空寺에서 입적했다. 시호는 대통선사大通禪師
이다.

일반적으로 호북성 당양 옥천산의 신수 문하를 북종北宗이라
하고, 광동성 소주韶州 조계산曹溪山의 혜능 문하를 남종南宗이라
한다.

신수는 동산법문의 선법을 충실히 계승했는데, 북종선은 신수
의 저술이라 전하는 《관심론觀心論》과 《대승무생방편문大乘無生方
便門》에서 엿볼 수 있다.

관심觀心은 자신의 청정한 본래 성품을 자각하여 관조하는 수
행이다. 마음을 응시해서 깨달아 밝게 되면 3독毒이 다 끊어지고,
6처處의 문을 닫아 흔들리지 않으면 자연히 수많은 공덕과 갖가
지 장엄과 한량없는 법문을 하나하나 성취하게 된다고 했다.

자신의 청정한 성품을 확인하여 굳게 지키는 것을 홍인은 수심守心이라 했고, 그 청정한 성품을 통찰하는 것을 신수는 관심觀心이라 한 것이다.

《대승무생방편문》은 《기신론》《법화경》《유마경》《사익경》《화엄경》에 의거해서 북종선을 체계적으로 정리한 저술인데, 요점을 간추리면 깨달음의 본질은 생각을 떠나는 것이고, 마음이 일어나지 않으면 항상 청정하다는 것이다. 즉 '생각을 떠나고[이념離念]', '마음이 일어나지 않는다[심불기心不起]'는 두 구절이 핵심이다.

결국 북종선은 동산법문東山法門의 일행삼매一行三昧와 수일불이守一不移, 그리고 수심守心에서 나아가 허공과 같이 청정한 마음의 성품을 관조하는 청정선淸淨禪을 확립시켰다고 할 수 있다.

혜능慧能(638-713)은 광동성 신주新州 출신으로, 어려서 아버지를 잃고 어머니와 함께 땔나무를 팔아 생계를 꾸려가다가 어느 날 빙무산憑茂山의 홍인弘忍을 찾아가 문답하고, 곡식 찧는 소임을 하다가 깨달음을 얻었다. 그 후 그의 의발衣鉢을 전해 받고 남쪽으로 내려가 10여 년 동안 은둔하다가 39세에 광동성 광주廣州 법성사法性寺에서 삭발하고 수계受戒하여 정식으로 출가했다. 소주韶州 조계산曹溪山 보림사寶林寺, 소주 대범사大梵寺 등에서 선풍禪風을 일으켰는데, 북종에 비해 남종은 크게 번창하여 혜능이 선종 6조가 되었다.

혜능의 전기와 법문이 담긴 돈황본敦煌本《육조단경六祖壇經》의 본이름은《남종돈교최상대승마하반야바라밀경육조혜능대사어소주대범사시법단경南宗頓教最上大乘摩訶般若波羅蜜經六祖慧能大師於韶州大梵寺施法壇經》인데, 이 이름에 남종선의 요점이 드러나 있다.

'남종南宗'은 북종北宗과 대칭되는 말이고, '돈교頓教'는 돈오頓悟를 근본 가르침으로 한다는 것이고, '최상대승最上大乘'은 최상의 큰 가르침, 즉 돈오를 뜻한다. '마하반야바라밀경摩訶般若波羅蜜經'은 반야바라밀을 설한 경전이라는 뜻이고, '육조혜능대사六祖慧能大師'와 '소주대범사韶州大梵寺'는《육조단경》을 설한 혜능과 그것을 주로 설한 장소인 광동성 소주 대범사이다. '시법단施法壇'은 법을 설하는 단壇이고, 혜능의 법문은 경전과 같은 권위를 지닌다는 뜻에서 '경經'이라 했다.

혜능 대사가 대범사大梵寺 강당의 높은 자리에 올라 마하반야바라밀법을 설하고 무상계無相戒를 줄 때, 그 자리 아래에 1만여 명의 대중이 있었다.

돈황본《육조단경》

혜능 대사가 말했다.

"선지식들아, 나의 법문은 예로부터 모두 무념無念을 주된 요지[종宗]로 하고, 무상無相을 본체[체體]로 하며, 무주無住를 근본[본本]으로 한다.

어떤 것을 무상無相이라 하는가?

무상이란 차별 속에 있으면서 차별을 떠난 것이다.

무념이란 생각 속에 있으면서 생각하지 않는 것이다.

무주란 사람의 본성이 찰나마다 얽매이지 않는 것이다."

돈황본《육조단경》

무념無念이란 아무런 생각이 없다는 뜻이 아니라 생각을 떠나지 않으면서 그 생각에 집착하지 않고 속박되지 않는다는 뜻이다. 그래서 '생각 속에 있으면서 생각하지 않는다'고 했다. 이 무념이 지혜의 완성, 곧 반야바라밀般若波羅蜜이다. 이 지혜는 '집착하지 않는 지혜'이고, '무분별의 지혜'이다. 생각을 일으켜 비록 보거나 듣거나 느끼거나 알더라도 그것에 얽매이지 않아 항상 자유롭고, 유무有無 · 고락苦樂 · 생멸生滅 · 애증愛憎 · 행불행幸不幸 등의 2분법에 끌려다니지 않는 게 무념이다.

무상無相에서 상相은 차별이라는 뜻이다. '차별 속에 있으면서 차별을 떠난다'는 것은 대립과 차별 속에 있으면서도 어느 쪽에

도 얽매이지 않고, 오염되지 않고, 집착하지 않는다는 뜻이다.

매 순간, 어떤 생각에도 얽매이지 않는 것이 무주無住다.

《금강경》의 '어디에도 얽매이지 않고 그 마음을 내야 한다[응무소주이생기심應無所住而生其心]'는 구절이 자주 인용되는 것은 혜능의 법문에서 유래한다. 그래서 달마가 혜가에게《능가경》을 전한 이래로, 이 경이 선종의 근본 경전으로 이어져 오다가 혜능 이후에는《금강경》이 근본 경전으로 되었다.

혜능은 온갖 경계에 물들지 않아 자신의 청정한 성품이 항상 자재하고, 마음을 일으켜 대상 속에서 움직여도 그것에 속박되지 않고, 가거나 머물거나 앉거나 눕거나 항상 곧은 마음[직심直心]이 드러나는 것을 선禪이라 했다. 혜능의 선법은 자신의 청정한 성품을 단박에 꿰뚫어 보아 깨닫는 돈오견성頓悟見性이다.

> 돈오의 가르침을 듣고서 자성自性에 의지해서 수행하고, 오직 자기 마음에서 자신의 본성이 항상 정견正見을 일으키도록 하면, 번뇌에 시달리는 중생이 바로 모두 깨달을 것이다. 마치 바다가 온갖 강물을 받아들여 작은 물과 큰 물이 하나로 합쳐지는 것과 같다. 이것이 곧 견성見性이다. (…)

> 나는 홍인弘忍 화상의 처소에서 한번 듣고 그 말끝에 크
> 게 깨쳐 마음의 청정한 본성을 단박에 보았다.
>
> 돈황본《육조단경》

　자성自性은 자신의 청정한 본성이고, 자기 안의 부처이다. 이
것을《육조단경》에서는 자성불自性佛이라 한다. 본래 청정한 이
자성을 깨닫는 게 견성이고, 이 견성이라는 한 가지 방법으로 깨
달음과 수행이 단박 동시에 이루어지는 것이 돈오돈수頓悟頓修이
다. 그래서 일반적으로 남돈북점南頓北漸이라 하여, 혜능의 남종
선南宗禪은 단박에 닦아버리는 돈수頓修, 신수의 북종선北宗禪은
일정한 단계를 거쳐 점점 닦아나가는 점수漸修라고 한다.

　혜능은 반야바라밀법과 더불어 무상계無相戒를 설하고 있는
데, 이 무상계는 무념·무상·무주에 의거해서 형식적인 장엄이
나 의례를 배척하고, 자신의 청정한 성품에 귀의하는 것이다.

> 모두 자신의 몸으로 무상계를 받아야 한다. 모두 내가 말
> 하는 것을 따라 하면 여러분에게 자신의 3신불身佛을 보
> 게 하겠다.

'내 육신의 청정한 법신불法身佛에 귀의하고,
내 육신의 천백억 화신불化身佛에 귀의하고,
내 육신의 원만한 보신불報身佛에 귀의합니다.'(이상 3창)

육신은 집과 같다. 3신身으로 돌아간다고 말할 수 없는
까닭은 그것이 자신의 성품 속에 있기 때문이다. 누구에
게나 다 있으나 어리석어 보지 못하고 밖에서 3신을 찾
는다. 그래서 자신의 육신 속에 있는 3신불을 보지 못한
다. (…)
법신法身에 따라 생각하는 작용이 화신化身이고, 생각마
다 선하면 보신報身이다. 이 도리를 스스로 깨닫고 스스
로 닦는 것을 귀의라고 한다.

돈황본《육조단경》

'내가 바로 부처'이므로 밖에서 찾지 말고 자신의 청정한 성
품을 꿰뚫어 보고 거기에 귀의하라는 가르침이다. '내가 바로 부
처', '마음이 곧 부처'라는 궁극의 한마디는 혜능 이후 조사선에
서 스승에서 제자로 계속 이어져 전해졌다.

마조계와 석두계

1) 마조와 그 문하

(1) 마조 도일

달마에서 비롯된 선종은 혜가와 승찬, 도신과 홍인, 신수와 혜능의 시대를 거쳐 강서江西의 마조 도일馬祖道一(709-788) 문하에서 뛰어난 선승禪僧들이 많이 배출되어 그 지방을 중심으로 새로운 선풍이 전개되었다.

마조는 사천성 한주漢州 출신으로, 성姓이 마馬이므로 마조馬祖라 불린다. 고향의 나한사羅漢寺에 출가하고 혜능의 제자인 남악 회양南嶽懷讓(677-744)의 법을 이었다. 769년부터 강서성 홍주洪州 개원사開元寺에 머물면서 선풍을 크게 일으켰기 때문에 마조 문하를 홍주종洪州宗이라 한다. 강서성 늑담泐潭 석문산石門山 보봉사寶峰寺에서 입적했고, 시호는 대적선사大寂禪師이다.

마조의 선법은 일상 속에서 선禪을 실천하는, 평범하면서도 소탈한 대중적인 불교이다. 그 핵심은 평상심이 도道라는 평상심시도平常心是道와 마음이 곧 부처라는 즉심즉불卽心卽佛이라는

220 ——————— 나의 첫 번째 불교책

말에 잘 드러나 있다.

마조가 말했다.
"도道는 수행을 필요로 하지 않는다. 다만 오염시키지만
마라.
무엇을 오염이라 하는가?
나고 죽는 마음을 일으켜 꾸며내고 취향을 갖는 것은 모
두 오염이다. 곧바로 말하면 평상심이 도이다.
평상심이란 꾸밈도 없고, 옳음과 그름도 없고, 취함과 버
림도 없고, 연속과 단절도 없고, 천함과 성스러움도 없는
것이다.
다만 지금 가고 머물고 앉고 눕는 행위가 다 도이다.

《경덕전등록》제28권 〈마조 도일〉

마음이 오염되었다는 것은 2분의 분별과 감정에 물들었다는
뜻이다. 중생은 대상을 있는 그대로 보지 않고, '좋다/싫다', '밉
다/곱다', '깨끗하다/더럽다', '아름답다/추하다', '많다/적다' 등
으로 분별한다. 이 대립하는 2분의 분별이 불안과 갈등과 괴로
움의 뿌리다. 2분의 분별을 일으켜 기분 좋은 것에는 집착하고
기분 나쁜 것에는 저항하기를 반복하는 그 자체가 모두 오염이

다. 평상심은 그 분별이 끊어진 깨달음의 마음이다. 걸을 때는 걷기만 하고, 일할 때는 그냥 일만 하고, 쉴 때는 쉬기만 하고, 잠잘 때는 잠만 자는, 단순하게 활동하는 일상의 마음이다.

분별하지 않고 머릿속의 이런저런 화면이 없는 단순한 마음이 곧 부처라고 마조는 단적으로 표현하고, 그 근원을 달마의 일심一心에 두었다.

> 마조가 대중에게 말했다.
> "너희들 각자의 마음이 부처임을 확신하라. 이 마음이 곧 부처의 마음이다.
> 달마 대사께서 인도에서 중국에 오셔서 최상의 가르침인 일심一心을 전하여 너희들을 깨닫게 하셨고, 또《능가경》을 인용해서 중생의 마음 바탕을 보이신 것은 너희들이 잘못되어 스스로를 믿지 않을까봐 염려하셨기 때문이다."
>
> 《경덕전등록》 제6권 〈마조 도일〉

온갖 분별과 대립과 경계가 소멸해버리니, 일심이고 무념無念이고 '하나'이고 중도中道이다.

어떤 승려가 마조에게 물었다.

"화상께서는 어찌하여 마음이 곧 부처라고 합니까?"

"아기의 울음을 그치기 위해서다."

"울음을 그친 뒤에는 어떻게 합니까?"

"마음도 아니고 부처도 아니다."

"이 두 가지를 제외한 사람이 오면 어떻게 합니까?"

"그에게는 그 무엇도 아니라고 말하겠다."

《경덕전등록》제6권 〈마조 도일〉

마조의 이 법문에 대해 그의 제자인 남전 보원南泉普願(748-834)은 다음과 같이 말했다.

강서의 화상은 '마음이 곧 부처'라고 했지만, 이건 일시적인 방편이다. 이것은 바깥에서 도를 구하는 병을 치료하기 위한 것이고, 노란 나뭇잎으로 아기의 울음을 그치게 하는 것과 같다. 그래서 '마음도 아니고, 부처도 아니고, 그 무엇도 아니다'라고 했다.

《조당집祖堂集》제16권 〈남전 화상南泉和尙〉

'노란 나뭇잎으로 아기의 울음을 그치게 한다'는 구절은《대반

열반경大般涅槃經》에 나온다.

> 아기가 울 때 어머니가 버드나무의 노란 나뭇잎을 주면
> 서 달래기를 "아가야 울지 마라, 금을 줄 테니 울지 마
> 라" 하니 아기는 진짜 금인 줄 알고 울음을 그쳤다.
>
> 36권본《대반열반경》제20권 〈영아행품嬰兒行品〉

　직접 체득한 깨달음은 일체의 차별과 분별이 끊어진 언어 이전이어서 생각이나 인식의 영역(2분법의 영역)이 아니다. 그래서 직접 체득한 깨달음을 말로 표현할 수 없고, 아무리 그 깨달음을 말로 표현하더라도 그것은 깨달음에 대한 생각일 뿐 깨달음 그 자체가 아니다. 그래서 깨달음 그 자체는 결코 전달되지 않는다. 마치 망고 맛을 말로 표현할 수 없고, 망고 맛에 대한 어떠한 말도 망고 맛 그 자체가 아니므로 망고를 먹어보지 않은 사람에게 망고 맛이 전달되지 않는 것과 같다.

　망고라는 말은 망고를 가리키는 도구이지 망고 그 자체가 아닌 것과 같이, 깨달음에 대한 말은 깨달음을 가리키는 도구이지 깨달음 그 자체가 아니다. 말이나 이름은 어떤 대상이나 상태에 부여한 생각일 뿐, 대상이나 상태 그 자체가 아니므로 깨달음에 대한 말은 다 방편일 수밖에 없다.

그래서 부처를 밖에서 찾는 이에게는 '마음이 곧 부처다'라고 일침을 가하고, 여기에 집착하는 이에게는 '마음도 아니고 부처도 아니다'라고 경고하고, 마음과 부처를 말할 필요가 없는 이에게는 '그 무엇도 아니다'라고 말해준다.

지붕에 오르려면 사다리가 필요하고, 개울을 건너려면 징검다리를 디뎌야 하지만, 사다리와 징검다리에 집착해서 그것을 이리저리 궁리하느라 사다리에서 떨어지고 개울에 빠지지는 않을까, 마조馬祖는 그것을 염려했다.

(2) 대주 혜해

대주 혜해大珠慧海(?-?)는 복건성 건주建州 출신으로, 절강성 월주越州 대운사大雲寺의 도지道智(?-?)에게 출가하고, 마조馬祖를 6년 동안 사사師事하여 그의 법을 이어받았다.《돈오입도요문론頓悟入道要門論》을 지으니, 마조가 그것을 보고 대중에게 "월주越州에 큰 구슬[大珠]이 있으니, 둥글고 밝은 빛이 자재하게 비치어 막힌 데가 없도다"라고 한 데서 대주大珠라고 불렸다.《경덕전등록景德傳燈錄》에는 1,701명의 선사들의 행적과 법문이 실려 있는데, 그 가운데 대주의 법문이 가장 많다.

문: 무엇이 '보지만 보는 게 없음'입니까?

답: 모든 사물을 볼 때 물들거나 집착하지 않는 것이다. 물들거나 집착하지 않는다는 것은 애착하거나 혐오하는 마음[애증심愛憎心]을 일으키지 않는 것이니, 곧 보지만 보는 게 없음이다. 보지만 보는 게 없음은 곧 부처의 눈이니, 또 달리 눈이란 없다.

모든 사물을 볼 때 사랑하거나 미워하는 마음을 일으키면 곧 보는 게 있음이다. 보는 게 있음은 곧 중생의 눈이니, 또 달리 중생의 눈이란 없다. 이처럼 귀·코 등의 모든 작용도 그러하다. (…)

2가지 성품이 공하다는 건 유무有無와 선악善惡과 애증愛憎이 일어나지 않는 것이니, 이를 이성공二性空이라 한다. (…)

무심無心은 거짓되지 않고 진실하다. 거짓은 애착하거나 혐오하는 마음[愛憎心]이고, 진실은 애착하거나 혐오하는 마음이 없는 것이다. 단지 애착하거나 혐오하는 마음이 없으면 이성공二性空이다. 이성공이란 자연해탈이다.

《돈오입도요문론頓悟入道要門論》

인간은 조금이라도 관심 있는 대상과 마주치면 '좋다/싫다'를 기본으로 한 감정이 일어난다. 대상에 대한 감정이 좋으면 거기에 애욕이 생겨 집착하고, 그것이 싫으면 증오하거나 분노한다. 이 애착과 혐오 때문에 불안정과 혼란에 빠지고, 회한과 원망에 시달리고, 불만과 갈등에 사로잡힌다. 그래서 대주大珠는 애착하거나 혐오하는 2가지 마음을 버리는 것이 이성공二性空이고, 이것이 바로 자연해탈이라 했다.

문: 무념無念을 근본으로 삼는다고 하셨는데, 무념이란 어떤 생각이 없는 겁니까?
답: 무념이란 그릇된 생각이 없는 것이지 바른 생각이 없는 게 아니다.
문: 무엇이 그릇된 생각이고, 무엇이 바른 생각입니까?
답: 유有를 생각하고 무無를 생각하는 게 그릇된 생각이고, 유무를 생각하지 않는 게 바른 생각이다. 선을 생각하고 악을 생각하는 게 그릇된 생각이고, 선악을 생각하지 않는 게 바른 생각이다. 마찬가지로 고락苦樂·생멸生滅·취사取捨·원친怨親·애증愛憎 등을 생각하는 게 그릇된 생각이고, 고락 등을 생각하지 않는 게 바른 생각이다.

《돈오입도요문론》

원源 율사가 대주大珠에게 물었다.

"화상께서도 도를 닦으실 때 노력합니까?"

"노력한다."

"어떻게 노력합니까?"

"배고프면 밥 먹고, 피곤하면 잔다."

"모든 사람이 다 그러하니, 화상과 똑같지 않습니까?"

"똑같지 않다."

"왜 똑같지 않습니까?"

"그들은 밥 먹을 때 그냥 밥만 먹지 않고 별의별 생각을 다 하고, 잠잘 때도 그냥 잠만 자지 않고 온갖 망상을 일으키기 때문에 똑같지 않다."

율사는 말문이 막혔다.

《경덕전등록》제6권 〈대주 혜해大珠慧海〉

온갖 분별과 대립이 끊어진 상태가 무념無念이고, '지금 하고 있는 이것' 외는 모두 오염이고 망상이고 허구다. 중생이 괴로움에 시달리는 것은 분별에서 벗어나지 못하고, 마음이 '지금 여기'를 떠나 이미 지나가버린 과거의 일을 떠올려 거기에 얽매이고, 아직 오지도 않은 미래의 일을 떠올려 거기에 사로잡히기 때문이다. 과거와 미래가 소멸한 '지금 이것'만이 삶의 현장이다.

밥 먹을 땐 밥만 먹는 게 도道다. 허나 범부들은 밥 먹을 때 밥만 먹는 게 아니라 온갖 생각이 허공을 떠돈다. 몸은 '지금 여기'에 있는데, 생각은 '여기'를 떠나 안 가는 데가 없으니, 스스로 불안과 걱정과 고뇌를 만든다.

> 과거의 일은 이미 지나가버렸으니 생각하지 않으면 과거의 마음이 저절로 끊어져 과거의 일이 없다 하고, 미래의 일은 아직 오지 않았으니 원하지도 않고 구하지도 않으면 미래의 마음이 저절로 끊어져 미래의 일이 없다 하고, 현재의 일은 이미 현재이니 온갖 일에 집착할 게 없는 줄 알 뿐이다. 집착하지 않는다는 건 증오하거나 애착하는 마음을 일으키지 않는 것이다. 집착하지 않으면 현재의 마음이 저절로 끊어져 현재의 일이 없다 한다.
>
> 《돈오입도요문론》

문: 무엇이 중도中道입니까?
답: 중간도 없고, 두 변邊도 없는 게 중도다.
문: 무엇이 두 변입니까?
답: 저 마음, 이 마음이 곧 두 변이다.
문: 무엇을 저 마음, 이 마음이라 합니까?

답: 밖으로 형상과 소리에 얽매이면 저 마음이고, 안으로
   망념을 일으키면 이 마음이다. 만약 밖으로 형상에
   물들지 않으면 저 마음이 없어지고, 안으로 망념을
   내지 않으면 이 마음도 없어지니, 이것이 두 변이 없
   음이다. 마음에 이미 두 변이 없는데 어찌 중간이 있
   겠는가.
   이것을 중도라 하고, 진실한 여래의 도道라 한다. 여
   래의 도란 일체를 깨달은 사람의 해탈이다.

   《돈오입도요문론》

(3) 대매 법상

대매 법상大梅法常(752-839)은 호북성 양양襄陽 출신으로, 출
가 후 경론經論에 통달하여 강의했으나 앎이 깨달음에 도움이 되
지 않음을 절감하고 여러 지역을 행각行脚하다가 마조馬祖를 사
사師事하여 크게 깨달았다. 절강성 명주明州 대매산大梅山에 들어
가 30여 년을 혼자 살다가 입적했다.

한 승려가 대매 법상에게 물었다.
"화상께서는 마조 대사를 뵙고 무엇을 얻었기에 이 산에
삽니까?"

"대사께서 마음이 곧 부처라고 하셨기에 여기 와서 삽니다."

"대사의 요즘 불법은 다릅니다."

"어떻게 다르오?"

"요즘은 마음도 아니고 부처도 아니라고 합니다."

"그 늙은이가 사람을 혼란시키기를 그치지 않는구나. 마음도 아니고 부처도 아니라고 해도, 나는 오로지 마음이 부처요."

이 얘기를 마조가 전해 듣고 말했다.

"매실[梅]이 잘 익었구나."

(어떤 승려가 화산禾山에게 물었다. "대매가 그렇게 말한 뜻이 무엇입니까?" 화산이 답했다. "참으로 사자의 새끼였지.")

《경덕전등록》제7권 〈대매 법상〉

몸소 체험한 깨달음은 2분법을 떠난 상태여서 2분법의 언어로 표현할 수 없다. 어떤 말로 깨달음을 표현하더라도 그것은 깨달음에 대한 생각일 뿐 깨달음 그 자체가 아니므로 깨달음에 대한 말은 다 방편일 수밖에 없다. 방편에 집착해서 그것을 아무리 이리저리 궁리해도 잡히는 건 결국 방편의 내용일 뿐이다.

그래서 이 방편에 집착하면 이것은 아니라고 지적해주고, 저 방편에 집착하면 저것도 아니라고 경고한다.

(4) 황벽 희운

황벽 희운黃檗希運(?-?)은 복건성 복주福州 출신으로, 임제 의
현臨濟義玄(?-867)의 스승이다. 어려서 출가하여 백장 회해百丈懷
海(749-814)를 사사師事하여 그의 법을 이어 받고, 강서성 홍주
洪州 대안사大安寺와 고안高安 황벽산黃檗山에 머물렀다. 842년에
배휴裵休(797-870)가 강서성 종릉鍾陵 관찰사觀察使로 부임했을
때 그를 용흥사龍興寺에 모시고, 848년에 안휘성 완릉宛陵에 부
임해서는 능양산陵陽山 개원사開元寺에 모시고 조석으로 그의 가
르침을 받았는데, 그 가르침을 배휴가 기록한 것이《전심법요傳
心法要》와《완릉록宛陵錄》이다.

> 마음은 애당초 생기거나 소멸한 적도 없고, 푸르거나 누
> 렇지도 않고, 형상이나 모양도 없고, 있다거나 없다는 데
> 속하지도 않고, 새것이거나 헌것도 아니고, 길거나 짧지
> 도 않고, 크거나 작지도 않고, 모든 한계와 이름과 말과
> 흔적과 대립을 벗어났다.
> 그저 이것일 뿐이니, 생각을 움직이면 곧 어긋난다. 마치
> 허공과 같아서 끝이 없으니 가늠할 수가 없다.
> 오직 이 일심一心이 부처이고, 부처와 중생은 전혀 다르
> 지 않다.

나의 첫 번째 불교책

다만 중생이 형상에 집착해서 밖에서 구하니, 구하면 구할수록 도리어 더욱 잃을 것이다. 부처가 부처를 찾고, 마음이 마음을 잡으려 하니, 아무리 오랜 세월이 지나도 끝내 얻을 수 없다.

그런데 중생은 생각을 쉬면 부처는 저절로 나타난다는 걸 모른다.

《전심법요傳心法要》

본래 청정한 마음은 항상 스스로 원만히 밝아서 두루 비추고 있지만, 사람들이 그것을 깨닫지 못하는 것은 단지 보고 듣고 감각하고 아는[견문각지見聞覺知] 작용을 마음이라고 생각하기 때문이다. 보고 듣고 감각하고 아는 데 덮인 까닭에 맑고 밝은 본래의 성품을 보지 못한다. (…)

참마음은 분별이 없어 오지도 않고 가지도 않는다. 태어나도 성품이 온 게 아니고 죽어도 성품이 가는 게 아니다. 맑고 고요해 마음과 대상이 '하나'다. 오직 이렇게 관찰하여 단박 깨치면 과거와 현재와 미래에 얽매이지 않게 될 것이니, 이는 세간을 벗어난 자유인이다.

《전심법요》

(5) 임제 의현

임제 의현臨濟義玄(?~867)은 산동성 조주曹州 출신으로, 어려서 출가하여 여러 지역을 편력하다가 황벽 희운黃檗希運을 사사師事하여 그의 법을 이어받았다. 하북성 진주鎭州 임제원臨濟院에 머물면서 선풍을 크게 일으켰는데, 그는 일상 속에서 자신의 본성을 자각하는 주체적 자유의 실현을 강조했고, 미혹에서 깨달음으로 가는 구체적인 수행을 '밖에서 구하지 마라'로 요약했다.

> 3계界는 불난 집과 같아서 평안하지 못하므로 집착할 게 못된다. 무상한 죽음의 손길은 순간순간에 노소귀천을 가리지 않고 목숨을 거두어 간다.
>
> 그대들이 부처나 조사와 다르지 않고자 하거든 오직 밖에서 구하지 마라.
>
> 한 생각 위에 빛나는 청정한 광명이 그대 자신 속의 법신불이고, 한 생각 위의 분별없는 광명이 그대 자신 속의 보신불이고, 한 생각 위의 차별 없는 광명이 그대 자신 속의 화신불이다.
>
> 이 3가지 불신佛身은 지금 법문을 듣고 있는 그대 자신이니, 다만 밖에서 구하지 않기 때문에 이런 효용이 있는 것이다.
>
> 《임제록》

오늘날 그대들이 깨닫지 못하는 병은 어디에 있는가?
병은 스스로를 믿지 않는 데 있다. 자신이 부처라는 것을
믿지 않으면, 헐떡거리며 바깥 대상에 집착해서 자유를
잃게 될 것이다. 그대들이 순간순간 밖에서 찾는 마음을
다스린다면, 부처나 조사와 다르지 않을 것이다.

《임제록》

육신 속에 어떤 것에도 걸림 없는 자유인이 있어 항상
너희들의 눈·귀·코·입을 드나든다.
아직 보지 못한 자는 똑똑히 보아라.

《임제록》

불법佛法에는 인위적인 꾸밈이 없다. 오직 애써 꾸며내지
않는 평상시의 생활일 뿐이다. 변소에 가고, 옷 입고, 밥
먹고, 피곤하면 눕는다. 어리석은 자는 웃겠지만 지혜로
운 자는 알 것이다.

《임제록》

(6) 앙산 혜적

앙산 혜적仰山慧寂(807-883)은 광동성 소주韶州 출신으로, 17세에 출가하여 위산 영우潙山靈祐(771-853)를 15년 동안 사사師事하여 그의 법을 이어받았고, 이들 문파를 위앙종潙仰宗이라 한다. 강서성 원주袁州 앙산仰山에서 종풍을 크게 일으키고, 만년에는 소주韶州 동평산東平山으로 들어갔다.

앙산仰山이 대중에게 말했다.

"그대들은 예로부터 빛을 등지고 어둠을 쫓아다녔기 때문에 망상의 뿌리가 깊어 단박에 그것을 없애기는 힘들 것이다. 그래서 방편으로 그대들의 거친 의식을 제거하려 하니, 마치 노란 나뭇잎을 금이라 하면서 아기의 울음을 그치게 하는 것과 같다. 또 어떤 사람이 갖가지 물건으로 가게를 차려서 장사하는 것과 같으니, 다만 오는 자들의 경중輕重을 헤아릴 뿐이다.

석두石頭 선사는 금방이고, 나는 만물상이다. 누가 와서 쥐똥을 찾으면 쥐똥을 팔 것이고, 금을 찾는다면 금을 팔 것이다. (…)

자, 이제 분명히 말하겠다.

거룩한 일에도 마음을 두지 말고, 오직 자신의 성품 바다를 닦되 3명明과 6통通을 바라지 마라. 왜냐하면 이는 성

인들의 자질구레한 일이기 때문이다. 지금 필요한 것은
마음을 알아채고 근본을 통달하는 것이니, 오직 그 근본
을 얻어야지 지엽적인 일을 근심하지 마라.

그대는 보지 못했는가?

위산潙山 화상이 말하기를 '천하다든가 성스럽다는 감정
이 없어지고, 있는 그대로의 모습이 나타나 본체와 현상
이 둘 아닌 그것이 부처이다'라고 했다."

《경덕전등록》제11권 〈앙산 혜적〉

위산이 향엄香嚴에게 말했다.

"평소에 배웠거나 경전이나 책을 통해 기억하는 것에 대
해서는 묻지 않겠다. 네가 태어나기 전, 아직 동서東西도
가리지 못하던 때의 모습은 어떠했는지, 어디 한번 말해
보라."

향엄은 어리둥절하면서 대답하지 못했다. 이 질문에 오
랫동안 몰두한 향엄은 수차례 자신의 견해를 말했으나
위산은 그때마다 물리쳤다.

향엄이 말했다.

"제발 화상께서 말씀해 주십시오."

"내가 말해주더라도 그것은 내 말일 뿐, 너의 안목을 키
우는 데 무슨 도움이 되겠는가."

방으로 돌아온 향엄은 온갖 책을 뒤져 보았으나 답을 얻지 못했다. 그림의 떡으로는 허기를 채울 수 없다고 탄식하며 책을 모두 태워버렸다.

"이 생에서 불법을 배우지 못할 바에야 차라리 먼 데 가서 그저 밥이나 축내는 중이 되어 마음 편히 살 수밖에."

그러고는 위산을 하직하고 남양南陽에 이르러 혜충국사慧忠國師의 옛 암자에 머물렀다. 어느 날 잡초를 베다가 던져버린 기와 조각이 대나무에 부딪쳐 딱! 소리가 났다. 그 순간 자신도 모르게 껄껄 웃으며 홀연히 깨달았다. 곧바로 암자로 돌아와 목욕재계하고 나서 향을 피우고 멀리 계시는 위산을 향해 절을 올리면서 찬탄했다.

"화상의 큰 자비는 부모의 은혜보다 높습니다. 그때 만일 저에게 자세히 말씀해 주셨다면 어찌 오늘의 일이 있었겠습니까."

《경덕전등록》 제11권 〈향엄 지한香嚴智閑〉

2) 석두와 그 문하

(1) 석두 희천

석두 희천石頭希遷(700-790)은 광동성 단주端州 출신으로, 6조 혜능慧能(638-713)에게 출가했으나 14세에 그가 입적하자 청원 행사青原行思(?-740)를 사사師事하여 인가를 받았다. 40여 세에 남악南岳으로 가서 돌 위에 암자를 짓고 머물렀으므로 석두石頭 화상이라 부르게 되었다고 한다.

6조가 진실한 가르침을 펴고 있었는데, 선사(석두)는 대대로 신주新州(6조의 출생지) 가까이 살았으므로 드디어 6조를 뵙게 되었다. 6조가 한번 보자마자 기뻐하면서 거듭 머리를 쓰다듬으며 말했다.
"네가 마땅히 나의 진법眞法을 이어야 한다."
그러고는 밥상을 함께하면서 출가하기를 권하니, 이에 머리를 깎고 속세를 떠났다.

《조당집祖堂集》 제4권 〈석두 화상〉

대사(마조)가 영묵靈默에게 말했다.
"여기서 7백 리 가면 한 선사가 있으니 남악 석두라 한다. 네가 거기에 가면 반드시 소득이 있을 것이다."
영묵이 바로 하직하고 석두에게 가까워지자 생각했다.
'만일 한마디에 서로 계합하면 머물겠지만 그렇지 않으면 바로 떠나야지.'

신발을 신은 채 방석을 들고 법당에 올라 예배하고 석두 앞에 섰다. 석두가 말했다.

"어디서 오는가?"

영묵은 아무 의미 없이 대답했다.

"강서에서 옵니다."

"공부는 어디서 했는가?"

영묵은 대답도 하지 않고 소매를 털고 나섰다. 막 문을 지나려 할 때 석두가 갑자기 불렀다. 영묵이 한 발은 밖에 있고 한 발은 안에 있는 채로 고개를 돌려 쳐다보았다. 석두가 바로 손을 펴서 손날을 세워 보이며 말했다.

"태어나서 죽을 때까지 '단지 이놈[지저개한只這箇漢]', 다시 머리 굴려 고민해서 무엇 하나."

영묵은 활연히 대오하여 화상 곁에서 수년 동안 시봉했고, 오설五洩 화상이라 불렸다.

《조당집》 제15권 〈오설 화상〉

한 발은 밖에 있고 한 발은 안에 있으니 안도 밖도 아니고, 손날을 세워 보이니 손바닥도 손등도 아니다. '단지 이놈'은 본래면목本來面目, 곧 '본디부터 갖추고 있는 부처의 성품'이라 할 수 있다. 이 본래면목은 머리 굴리는 2분법의 언어와 분별을 떠난 상태여서, 유有도 무無도 아니고, 이것도 저것도 아니다. 즉 그것

은 2분법의 영역이 아니어서, '이다' 해도 어긋나고, '아니다' 해
도 어긋난다.

> 선사(석두)가 어느 날 법좌에 올라 말했다.
> "나의 법문은 부처님이 전해주신 것으로, 선정과 정진을
> 논하지 않는다. 부처의 지견知見을 통달하면 마음이 곧
> 부처다[즉심즉불卽心卽佛]. 마음과 부처와 중생과 보리菩提
> 와 번뇌는 이름은 다르나 본체는 하나다.
> 그대들은 반드시 알아야 한다. 자기의 심령체心靈體는 영
> 원과 단절을 떠나 있고, 성품이 더럽거나 깨끗하지도 않
> 고, 담백하고 원만하다. 이것은 범부와 성인이 똑같고,
> 작용하는 데 장소에 구애받지 않으며, 심의식心意識을 떠
> 나 있다.
> 3계界와 6도道가 오직 마음에서 일어난 것이니, 물속의
> 달과 거울의 형상에 어찌 생멸이 있겠는가. 그대들이 이
> 를 알 수만 있다면 갖추지 못할 게 없다.
>
> 《경덕전등록》 제14권 〈석두 희천〉

부처의 지견知見은 부처의 지혜이고 성품이다. '마음이 곧 부
처다'에서 마음은 자신이 본디부터 갖추고 있는 부처의 지혜와
성품을 통달한 마음이다. 이 마음을 석두는 심령체心靈體라 했고,

이것은 생각을 일으켜서는 알 수 없는 마음의 본체여서 심의식을 떠나 있고, 주/객이 분리되기 이전의 '그것'이다.

이 심령체를 꿰뚫어 보는 순간이 깨달음이고, 부처의 지혜를 통달하는 순간이고, 심령체를 잘 보호하고 지키는 것이 석두의 수행관이다. 심령체는 누구나 다 갖추고 있으므로 '내가 바로 부처'이고, 이것이 혜능이 석두에게 전하고자 한 진법眞法이라 할 수 있다.

석두는 〈참동계參同契〉에서 평등과 차별의 관계를 밝혔다. 평등과 차별은 잠시도 서로 벗어나지 않고, 평등은 차별을 통해 드러나고 차별의 본질은 평등이므로 차별은 차별대로, 평등은 평등대로 제자리를 지키고 있다고 했다. 이러한 관계를 서로 어울리는 회호廻互와 서로 어울리지만 각각의 특성을 잃지 않는 불회호不廻互로 설명한다. 온갖 존재들이 갖가지 모습을 보이지만(불회호), 근원으로 돌아가면 서로 차이가 없어 평등하다(회호)는 것이다.

또 현상[事]에 집착해도 어리석음이고, 현상 저편의 이치[理]에 계합하더라고 깨달음이 아니므로 철저한 중도中道의 체득을 요구했다. 현상과 이치는 결코 분리되지 않지만, 단 한 순간도 다른 하나에 흡수되어 자신을 잃어버리지 않으므로 회호와 불회호의 역동적인 관계라는 것이다.

나의 첫 번째 불교책

(2) 약산 유엄

약산 유엄藥山惟儼(745-828)은 강서성 강주絳州 출신으로, 17세에 출가하여 29세에 구족계를 받고, 석두 희천石頭希遷(700-790)을 사사師事하여 그의 법을 이어받았다. 호남성 약산藥山에서 선풍禪風을 크게 일으켰다.

어느 날 대사(약산)가 앉아 있는데 석두가 보고서 물었다.
"거기서 무엇을 하는가?"
"아무것도 하지 않습니다."
"그렇다면 한가로이 앉아 있는 거로구나."
"한가로이 앉아 있다면, 하는 일이 있는 겁니다."
"그대가 아무것도 하지 않는다고 했는데, 무엇을 하지 않는다는 건가?"
"천 명의 성인도 알아채지 못합니다."
이에 석두가 게송으로 찬탄했다.

지금까지 함께 살아오면서도 이름도 모르고
서로에게 내맡겨 무엇을 하고 있나.
예로부터 뛰어난 현인도 알아채지 못하는데
범부들이 잠깐 사이에 어찌 밝힐 수 있으랴.
《경덕전등록》제14권 〈약산 유엄〉

약산은 본디부터 갖추고 있는 부처의 청정한 성품, 곧 본래면
목을 '아무것도 하지 않는다'로 드러내었다. 아무것도 하지 않는
'그[渠]'와 매 순간 뭔가를 하는 '나'는 예로부터 지금까지 어
우러져 함께 살아왔다. 이름도 모르는 '그'는 늘 뭔가를 하는 '나'
를 단 한 번도 떠난 적이 없어 '둘'이면서 '하나'다. 이것을 천 명
의 성인도 알아채지 못한다고 했다.

> 어떤 사람이 물었다.
> "화상께서는 누구의 법을 이었습니까?"
> 약산이 대답했다.
> "고불전古佛殿에서 한 줄의 글을 얻었다."
> "한 줄의 글에 뭐라 쓰여 있었습니까?"
> "'그[渠]는 나와 같지 않고, 나는 그와 같지 않다.' 그래서
> 그 글을 인정했다."
>
> 《조당집》 제4권 〈약산 화상〉

(3) 동산 양개

동산 양개洞山良价(807-869)는 절강성 회계會稽 출신으로, 어
려서 출가하여 21세에 하남성 숭산嵩山에서 구족계를 받고, 운
암 담성雲巖曇晟(782-841)을 사사師事하여 그의 법을 이어받았

다. 강서성 동산洞山 보리원普利院에 머물면서 선풍禪風을 크게 일으켰다. 시호는 오본대사悟本大師이다.

운암雲巖이 입적할 때 동산洞山이 물었다.
"화상께서 가시고 100년 후에 어떤 이가 선사의 초상(본래면목)을 얻을 수 있는지 묻는다면 그에게 어떻게 말해야 합니까?"
운암이 말했다.
"'단지 이놈[지저개한只這箇漢]'이라고 말해주어라."
동산이 골똘히 생각했다.
운암이 말했다.
"이 한 구절은 모호하여 삼켜도 넘어가지 않으니 아예 그만두어라. 그대가 잠시만 분별을 일으켜도 번뇌가 한 길 깊이로 자라는데 무슨 말이 필요하겠는가."
운암은 동산이 골똘히 생각하는 것을 보고 말해주고 싶었다.
동산이 말했다.
"말씀하실 필요 없습니다. 제가 앞으로 사람의 몸을 잃지 않는다면 이 일에 매달릴 겁니다."
운암이 입적한 후 장례를 치르고 사백師伯과 함께 위산潙山으로 가다가 담주潭州에서 큰 개울을 건널 때 사백이 먼저 건넜다. 동산이 이쪽 강둑을 떠나 저쪽 강둑 닿기 전

에 물에 비친 자신의 모습을 보고 앞서의 일을 크게 깨
닫고 안색이 바뀌면서 껄껄 웃었다.
사백이 물었다.
"사제, 무슨 일인가?"
동산이 말했다.
"스승의 자유자재한 힘을 얻었습니다."
사백이 말했다.
"그렇다면 무슨 말이 있어야 하네."
이에 동산이 계송을 지었다.

절대로 남에게서 구하지 말지니 나와는 아득히 머네.
나는 지금 혼자 가는데 곳곳에서 그[渠]를 만나네.
그는 지금 바로 나이지만 나는 지금 그가 아니네.
바로 이렇게 알아야 비로소 진여와 계합하리라.

《조당집》 제5권 〈운암 화상雲巖和尙〉

위의 계송을 〈과수게過水偈〉라고 한다. 물에 비친 자신의 모습
이 '그'이고, 물에 비친 영상을 보는 이는 '나'이다. 개울물이 '나'
를 비추었을 때 '그는 지금 바로 나이다'. 그러나 '나'는 물에 비
친 '그'와 닮았지만 여전히 '나는 지금 그가 아니다'. 곳곳에서 본
래면목의 부처를 만나지만 '나'의 모습이 그대로 부처는 아니다.

(4) 설봉 의존

설봉 의존雪峰義存(822-908)은 복건성 천주泉州 출신으로, 12세에 복건성 포전蒲田 옥윤사玉潤寺에 출가하고, 여러 지역을 편력하다가 덕산 선감德山宣鑑(780-865)을 사사師事하여 대오大悟하고 그의 법을 이었다. 870년에 복건성 복주福州 상골봉象骨峰에 들어가 작은 절을 지으니, 희종僖宗이 응천應天 설봉사雪峰寺라는 편액을 하사하고, 882년에는 진각대사眞覺大師라는 호를 하사했다. 설봉은 운문 문언雲門文偃(864-949)과 현사 사비玄沙師備(835-908)를 비롯한 뛰어난 제자 40여 명을 배출했다.

민왕閩王이 설봉에게 물었다.
"불조佛祖 이래로 결국 어떤 인과법을 닦아야 성불한다고 했습니까?"
"반드시 성품을 보아야 합니다."
"무엇을 성품을 보는 것이라 합니까?"
"자신의 본성을 보는 것입니다." (…)
"짐은 지금 절을 짓고 복을 닦으며, 보시하고 사람들을 출가시키고, 온갖 악업을 짓지 말고 온갖 선행을 닦으라고 합니다. 이렇게 하면 성불할 수 있습니까?"
"성불할 수 없습니다. 무엇을 한다는 생각이 있는 마음

[有作之心]은 다 윤회할 뿐입니다."(…)

왕이 말했다.

"무엇을 도道로 삼고, 어떻게 수행해야 합니까?"

"경에 이르기를 '모든 업장의 바다는 다 망상에서 생긴 것이니, 참회하려는 자는 단정하게 앉아서 실상實相을 마음에 두라'고 했습니다. 대왕께서 실상을 체득하신다면 자연히 성불하게 됩니다."

《설봉진각대사어록雪峰眞覺大師語錄》

설봉은 '성불은 실상實相의 체득에 있다'고 했는데, 이 실상은 온갖 분별과 집착이 소멸된 무작지심無作之心이다. 곧 조작이나 작위가 없는 마음이다. 이 마음은 어떤 생각에도 얽매이지 않고, 온갖 분별이 끊어져 집착하지도 저항하지도 않고, 번뇌와 망상이 소멸된 상태다. 이 실상으로 곧장 들어가는 게 견성見性이고 진여眞如를 깨닫는 것이라 했다.

대왕께서는 지금 이 자리에서 '지금 이 자리가 바로 부처[즉금시불卽今是佛]'라는 것을 아셨습니다. 이것이 곧 백 천의 모든 부처가 되는 미묘한 문門이요, 백 천 삼매에 드는 문이며, 백 천의 지혜를 얻는 문이요, 백 천 해탈을 이

나의 첫 번째 불교책

루는 문입니다. 이러한 모든 신통의 미묘한 문은 모두 다
가슴 속에 있고, 넓은 법계가 다 대왕의 마음에 있습니다.
《설봉진각대사어록》

분명히 깨달은 사람은 온갖 생각이 완전히 끊어진 곳을
봅니다. 이미 이러한 것을 확실히 알았다면, 간절히 바라
옵건대 '있다'는 견해를 가져서는 안 됩니다. 그렇게 오
랜 시간이 지나면 대승의 효력이 있습니다. 이것을 '효력
없는 효력'이라 하는데, 이 효력은 헛되지 않습니다. 이
러한 법을 '생각 없는 생각[무념지념無念之念]'이라 하고,
이는 예로부터 지금까지 모든 조사들이 전한 가르침의
요지입니다.
《설봉진각대사어록》

'있다/없다'는 2분법과 언어를 떠나 있는 실상實相은 인식의
영역이 아니기 때문에 몸소 체득할 수밖에 없다. '공 없는 공'
은 온갖 분별이 끊어진 경지이기 때문에 헛되지 않고, 이 진실
한 법을 '생각 없는 생각'이라 했다. 이 무념지념無念之念은《육조
단경》에서 설하는 무념으로, 생각에 집착하지 않고 분별하지 않
는 지혜이다. 이 지혜의 완성이 곧 반야바라밀般若波羅蜜이다. 반

야바라밀은 6조 혜능에서 전개되는 조사선의 핵심이므로 설봉은 '예로부터 지금까지 모든 조사들이 전한 가르침의 요지'라고 했다.

> 다만 생각 생각이 항상 공적空寂하면 일상생활에 큰 과보가 있다는 것은 《능엄경》에 설해져 있습니다. 경에서 설하는 깊은 뜻은 오직 보시하여 널리 중생을 이롭게 하라는 것으로, 이는 깨달음에 도움이 되는 수행입니다. '있다/없다'는 생각에 사로잡히지 않으면 모든 것에 자유롭게 됩니다. 다만 날마다 무공용無功用의 도道를 닦고 4구게句偈를 지니십시오.
>
> 《설봉진각대사어록》

대립하고 분별하고 한쪽으로 치우친 생각 때문에 항상 망상이 일어나고 미혹에 빠진다는 것을 확연히 꿰뚫으면 그 생각을 멈추기 위한 특별한 수행은 필요하지 않다. 설봉은 어떠한 조작이나 의도를 갖지 않고, 노력이 필요하지 않은 수행을 '무공용無功用의 도道'라고 했다.

그리고 《금강경》의 4구게句偈를 지녀 아상我相·인상人相·중생상衆生相·수자상壽者相의 망상에서 깨어나 자신의 청정한 성품을 깨닫는다면 말이 필요 없이 곧바로 부처라고 했다.

(5) 운문 문언

운문 문언雲門文偃(864-949)은 절강성 가흥嘉興 출신으로, 어려서 출가하여 율장律藏을 공부하다가 설봉 의존雪峰義存(822-908)을 사사師事하여 그의 법을 이었다. 광동성 운문산 광태선원光泰禪院에 30여 년 동안 머물면서 선풍을 크게 일으켰다. 제자에 인재가 많았는데, 특히 동산 수초洞山守初(910-990), 덕산 연밀德山緣密(?-?) 등이 유명하다.

운문의 말은 한 번에 모든 분별을 파괴해버려 대꾸할 여유를 주지 않았다 하고, 그의 종풍은 하늘 높이 승리의 홍기紅旗가 펄럭이는 것처럼 높고 준엄해서 범접하기 어려웠다고 한다.

> 운문의 종지는 온갖 분별의 흐름을 끊어버려 언어를 용납하지 않고, 범부와 성인이라는 분별의 길이 없으며, 생각을 허용하지 않는다. (…)
> 운문의 종풍은 높고 가팔라서 사람이 머물기 어렵다. 상상근기上上根機가 아니라면 누가 그 비슷한 것이라도 볼 수 있을까.
>
> 《인천안목人天眼目》제2권

어느 날 운문은 마조馬祖의 말을 인용했다.

"모든 말은 '이것[저개這箇]'을 주제로 하는 제파종提婆宗
에 속한다."

그러고는 덧붙였다.

"참 멋진 말이야. 한데 아무도 그것을 물어보지 않는단
말이야."

그때 한 제자가 앞으로 나와서 물었다.

"제파종이란 무엇입니까?"

운문이 벌컥 화를 내었다.

"인도에는 96종파가 있는데, 너는 그중에서 가장 저속한
종파에 속한다."

《오등회원五燈會元》제15권

'이것'은 자신이 본디부터 갖추고 있는 청정한 부처의 성품이다.
운문은 수행자들의 질문에 한 글자로 대답하여 온갖 분별이
솟아나오는 출구를 틀어막아버렸는데, 이를 일자관一字關이라
한다. 그것을 소개하면 다음과 같다.

"무엇이 선禪입니까?"
"시是."

"무엇이 도道입니까?

"득得."

"학인이 이렇게 와서 화상께 진실한 설법을 청합니다."

"지知."

《운문광록雲門廣錄》

마조계와 석두계의 계보도

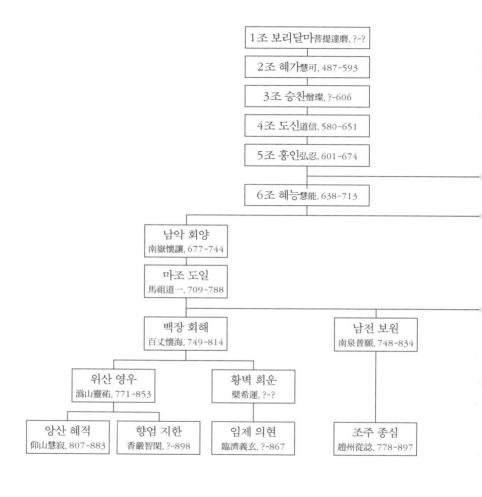

1조 보리달마菩提達磨, ?-?

2조 혜가慧可, 487-593

3조 승찬僧璨, ?-606

4조 도신道信, 580-651

5조 홍인弘忍, 601-674

6조 혜능慧能, 638-713

남악 회양
南嶽懷讓, 677-744

마조 도일
馬祖道一, 709-788

백장 회해
百丈懷海, 749-814

남전 보원
南泉普願, 748-834

위산 영우
潙山靈祐, 771-853

황벽 희운
黃檗希運, ?-?

앙산 혜적
仰山慧寂, 807-883

향엄 지한
香嚴智閑, ?-898

임제 의현
臨濟義玄, ?-867

조주 종심
趙州從諗, 778-897

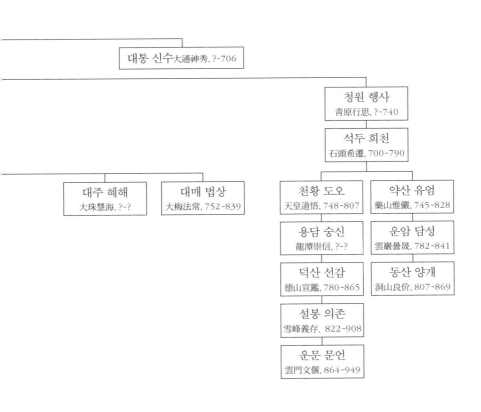

대통 신수大通神秀, ?-706

청원 행사
靑原行思, ?-740

석두 희천
石頭希遷, 700-790

대주 혜해
大珠慧海, ?-?

대매 법상
大梅法常, 752-839

천황 도오
天皇道悟, 748-807

약산 유엄
藥山惟儼, 745-828

용담 숭신
龍潭崇信, ?-?

운암 담성
雲巖曇晟, 782-841

덕산 선감
德山宣鑑, 780-865

동산 양개
洞山良价, 807-869

설봉 의존
雪峰義存, 822-908

운문 문언
雲門文偃, 864-949

간화선과 묵조선

1) 간화선

화두話頭의 의심을 깨뜨리기 위해 온 정신을 거기에 골똘하게 집중하고 몰입하는 수행을 간화선看話禪이라 한다. 화두는 큰 의심을 일으키게 하는 선문답禪問答으로, 공안公案이라고도 한다. 공안은 '관공서의 문서'라는 뜻이다. 공안이 공무수행의 기준·법도이듯, 선禪에서의 공안은 선사들의 문답을 수행의 지침으로 제기한 관문이다. 선어록禪語錄에 나오는 공안은 약 1,700칙則에 이른다고 한다.

간화선의 창시자로 알려진 대혜 종고大慧宗杲(1089-1163)는 임제종 양기파 선승인 오조 법연五祖法演(?-1104)의 법손法孫으로, 간화선의 수행법을 확립하는 데 오조의 영향을 많이 받았다. 오조는 1,700여 공안 가운데 오직 조주趙州(778-897)의 '무無'자를 화두로 삼아 참구하라고 했다.

———————

오조가 말했다.

"너희들은 평소에 어떻게 참선하는가? 나는 언제나 오직 '무無' 자를 참구한다. 만약 이 '무' 한 자를 투과하면 천하의 그 누구도 너희들을 어떻게 할 수 없을 것이다. 자, 어떻게 투과할 것인가? 이 '무'를 투과한 사람이 있는가? 있으면 나와서 말해보라.

나는 너희들이 개에게 불성이 '있다'고 말하는 것도 바라지 않고, '없다'고 말하는 것도 바라지 않고, 있는 것도 아니고 없는 것도 아니라고 말하는 것도 바라지 않는다. 자, 어떻게 말할 것인가?"

《법연선사어록》하

한 승려가 조주에게 "개도 불성이 있습니까?" 하고 물으니, 조주는 "무"라고 했다. 오조는 이 의심 덩어리인 '무'를 온몸으로 참구하여 투과하라 했고, 대혜는 오조의 '무' 자 참구 수행으로 돌아가 오직 '무'의 의심만 완벽히 꿰뚫으면 다른 일체의 화두도 다 뚫리는 것으로 보았다.

천만 가지 의심도 결국 하나의 의심에 지나지 않는다. 한 가지 화두의 의심을 꿰뚫으면 천만 가지 의심이 일시에 사라진다. 화두가 꿰뚫어지지 않으면 그것과 정면으로 대결하라.

만약 화두를 버리고 문자에 이끌려 의심을 일으키거나 경전에서 의심을 일으키거나 다른 화두에 의심을 일으키거나 망상 속에서 의심을 일으키면 이미 악마의 무리 속으로 들어간 것과 다름없다.

결코 자신에게 주어진 화두를 쉽게 긍정해서는 안 된다. 또 제멋대로 분별해서도 안 된다. 오직 모든 의식을 생각이 미치지 않는 곳에 집중시켜, 마치 늙은 쥐가 쇠뿔 속에 들어가 꼼짝하지 못하는 것처럼, 마음이 어느 곳으로도 달아나지 못하게 하라.

《대혜서大慧書》〈답 여사인答呂舍人〉

다만 망상으로 뒤바뀐 마음, 헤아리고 분별하는 마음, 삶을 좋아하고 죽음을 싫어하는 마음, 생각으로 알려고 하는 마음, 고요함을 좋아하고 시끄러움을 싫어하는 마음을 일시에 꽉 내리누르고, 그 꽉 내리누른 곳에서 화두를 참구하라.

> 한 승려가 조주趙州에게 '개도 불성이 있습니까?' 하니,
> 조주는 '무無'라고 했다. 이 '무' 한 글자야말로 온갖 나쁜
> 분별을 쳐부수는 무기다. 이 '무'를 꿰뚫으려면 유무有無
> 의 의식을 일으켜서는 안 된다. 도리로 알려고 해서도 안
> 된다. 의식으로 생각하여 판단해서도 안 된다.
>
> 《대혜서》〈답 부추밀答富樞密〉

'모든 중생에게 다 불성이 있다[일체중생실유불성一切衆生悉有
佛性]'는 건 불교 상식인데, 조주는 도대체 왜 '무(無)'라고 했나?

이 '무'는 유/무로 쪼개지기 이전의 '무'다. 분별로 던진 질문
을 박살 내고, 분별이 추호도 끼어들 수 없는 언어 이전의 절대
를 언어로 드러낸 게 화두인데, 거기에 어찌 합리나 논리가 있겠
는가. 그러니 머리 굴리면 영영 그르친다.

'무'가 골수에 절박하게 사무치고 사무쳐 '무' 그 자체가 되어
버리는 것, 이것 외에 다른 길은 없다.

> 무문無門이 평했다.
> 참선은 반드시 조사祖師의 관문을 뚫어야 하고, 깨달음을
> 이루려면 분별심을 완전히 끊어야 한다. 조사의 관문을

뚫지 못하고 분별심을 끊지 못하면 초목에 붙어 있는 혼령과 다름없다.

자, 말해 보라. 어떤 것이 조사의 관문인가?

오직 이 하나의 '무無' 자, 이것이 선종 제일의 관문이다. 그래서 이것을 '선종의 무문관'이라 한다.

이 관문을 뚫는 자는 직접 조주를 만나고 역대 조사들과 한몸이 되어, 같은 눈으로 보고 같은 귀로 듣는다. 이 얼마나 통쾌한 일인가.

이 관문을 뚫고 싶은 자 없는가?

3백6십 뼈마디와 8만4천 털구멍을 총동원해서 온몸이 한 개의 의심 덩어리가 되어, 오직 이 '무'만 참구하라.

밤낮으로 끊임없이 참구하라. 이 '무'를 허무虛無의 무無로 이해해서도 안 되고, 유무有無의 무無로 이해해서도 안 된다. 이 '무'의 참구는 뜨거운 쇳덩이를 삼키고서 토해 내려 해도 토해낼 수 없는 것처럼 절박해야 한다.

이제까지의 쓸데없는 앎과 잘못된 깨달음을 다 탕진하고, 오래오래 참구해서 수행이 깊어지면 저절로 '나'와 '무'가 하나로 된다. 그 경지는 벙어리가 꿈꾼 것 같아 오직 자신만 알 뿐 남에게 전할 수 없다.

갑자기 '무無'가 폭발하면 하늘을 놀라게 하고 땅을 진동시킨다. 관우 장군의 큰 칼을 빼앗은 듯, 부처를 만나면

부처를 죽이고 조사를 만나면 조사를 죽여 생사의 벼랑에
서도 자유자재하고, 어디서 어떻게 살든 걸림 없이 산다.
자, 그러면 어떻게 참구해야 하는가?
온 기력을 다해 오직 '무'가 되라. 그것이 지속되어 끊어
지지 않으면 심지에 살짝 불만 대도 바로 불이 붙듯 광
명이 찾아온다.

《무문관》〈조주구자趙州狗子〉

법연과 대혜가 강력하게 제창한 조주의 '무'는 간화선의 주류
가 되었는데, 이러한 상황은 무문 혜개無門慧開(1183-1260)의
《무문관無門關》에서 볼 수 있다.

혜개는 절강성 항주杭州 출신으로, 법연의 6대 법손이다. 월림
사관月林師觀(1143-1217) 문하에서 조주의 '무'를 6년 동안 맹
렬히 참구했으나 소식이 없었다. 그러던 어느 날 점심 공양을 알
리는 북소리를 듣고 활연 대오했다.

간화선의 핵심 공안집인《무문관》은 48칙則의 공안을 선별해
서 여기에 비평과 게송을 더한 것으로, 제1칙에 '조주구자趙州狗
子'를 두었다. 따라서《무문관》은 조주의 '무'에 응축되어 있고,
혜개가 이 공안집을 간행한 목적은 '무'의 참구를 강조하기 위해
서였다.

2) 묵조선

묵조선默照禪은 절강성 천동산天童山에 머문 조동종曹洞宗의 굉지정각宏智正覺(1091-1157) 문하의 선법으로, 자신이 본래 부처의 청정한 성품을 갖추고 있다는 확고한 믿음으로 묵묵히 좌선만 하면 저절로 그 성품이 드러난다는 것이다.

간화선은 오직 화두의 타파에 의한 대오大悟를 추구하지만, 묵조선은 모든 존재의 있는 그대로의 모습이 곧 진리이고 불법이라는 입장이다. 이미 우리에게 깨달음의 열매가 익어 있으므로 좌선으로 그것을 체득하기만 하면 된다는 것이다. 즉 좌선으로 천연 그대로의 심성心性을 보는 것이다.

> 꽃을 알고 나니 깨달음의 열매는 원래부터 이루어져 있었다. 그것은 수행에도 증득에도 상관없이 본래 갖추어져 있었고, 오염되지 않고 처음부터 끝까지 청정했다.
>
> 《굉지선사광록宏智禪師廣錄》제6권

> 그냥 묵묵히 앉아서 온갖 인연을 떠나니 환히 밝아서 번뇌가 없어져 곧바로 벗어났다. 그 자리에 원래부터 와 있

> 었던 것일 뿐 오늘에야 새로 성취한 것이 아니다. 옛날
> 광대한 겁 전부터 어두웠던 적 없이 분명했고, 아주 신령
> 스럽게 홀로 빛났다.
>
> 《굉지선사광록》제6권

몸과 마음을 탈락시키고 다만 묵묵히 좌선할 때 깨달음의 세
계가 드러나는데, 그것은 새로운 세계가 아니라 자신이 본디부
터 갖추고 있던 세계이다. 구하는 마음을 그치고 그냥 좌선만 하
면, 그 자리가 해와 달처럼 분명하게 드러난다는 것이다.

> 꿈같고 환영 같고 허공의 꽃 같은
> 67년 세월.
> 백조 날아가고 물안개 걷히니
> 가을 물이 하늘에 닿네.
>
> 《굉지선사광록》제9권

온갖 것 다 사라지고 가을 물이 하늘과 합쳐 '하나'가 되었나
니, 그 '하나'가 곧 무無다. 천동산에서 몸-마음을 놓아버리고 좌
선하다가 '하나'가 되어버린 굉지 정각, 이런저런 인연을 다 털

어버리고 영원한 고향인 무無로 돌아갔다.

　위의 게송은 굉지의 임종게이다.

간화선과 묵조선의 계보도

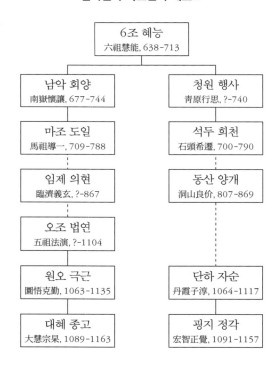

6조 혜능
六祖慧能, 638-713

남악 회양
南嶽懷讓, 677-744

청원 행사
靑原行思, ?-740

마조 도일
馬祖導一, 709-788

석두 희천
石頭希遷, 700-790

임제 의현
臨濟義玄, ?-867

동산 양개
洞山良价, 807-869

오조 법연
五祖法演, ?-1104

원오 극근
圜悟克勤, 1063-1135

단하 자순
丹霞子淳, 1064-1117

대혜 종고
大慧宗杲, 1089-1163

굉지 정각
宏智正覺, 1091-1157

　　나의 첫 번째 불교책

찾아보기

나의 첫 번째 불교책